Unerschöpfliche Quellen der Freude

Aus dem Französischen übersetzt
Originaltitel:
»AUX SOURCES INALTÉRABLES DE LA JOIE«

©2006, Éditions Prosveta S.A., France, ISBN 978-2-85566-901-4
Französische Originalausgabe

ISBN 978-3-89515-094-4

4. Auflage

Druck 2025: Interpress, Ungarn

Omraam Mikhaël Aïvanhov

Unerschöpfliche Quellen der Freude

Reihe Izvor – Band 242

PROSVETA  VERLAG

INHALT

Da Meister Omraam Mikhaël Aïvanhov seine Lehre ausschließlich mündlich überlieferte, wurden seine Bücher aus stenografischen Mitschriften, Tonband- und Videoaufnahmen seiner frei gehaltenen Vorträge erstellt.

Kapitel 1

Gott, Ursprung und Ziel unserer Reise

Was glaubt ihr, was die Bewohner anderer Welten von der Erde und den Erdbewohnern wissen? Nicht viel. Deshalb gibt es in manchen Gegenden des Universums Schulen, in denen die Lehrer alle Neugierigen unterrichten, die diese merkwürdigen Lebewesen kennenlernen wollen: die Menschen. Sie schicken zuerst Taucher, die in unsere Atmosphäre eintauchen, welche für sie genauso undurchsichtig und dunkel wie die Meerestiefen ist. Dort sammeln sie mit Netzen einige Proben, die sie in ihre Laboratorien mitnehmen. Während des Unterrichts nimmt der Lehrer eine Pinzette und stellt seinen Schülern die Beute dieses »Fischfangs« vor. Sie beobachten diese begeistert, um anschließend detaillierte Berichte und Kommentare zu verfassen... Und was für Kommentare!

Einige unter euch fragen sich jetzt, ob ich das ernst meine... Aber nein, beruhigt euch! Ich weiß, dass heutzutage eine Menge Literatur über Außerirdische kursiert, die mit fliegenden Untertassen kommen, um Menschen mitzunehmen, die sie dann zurückbringen oder auch nicht... Natürlich, die Schöpfung ist so reich und verschieden, dass viele Dinge möglich sind. Was ich aber bis jetzt über dieses Thema gelesen oder gehört habe, ist vor allem, so denke ich, das Ergebnis einer großen Fantasie.

Die Wesen der unsichtbaren Welt, die beauftragt sind, über die Entwicklung der Menschen zu wachen, haben es nicht nötig, Proben zu entnehmen, die sie dann anschließend, wer weiß wo, studieren. Sie kennen sie gut, auch wenn deren Mentalität ihnen sehr, sehr seltsam erscheint. Als die europäischen Forscher einige Völkchen in Afrika oder Ozeanien entdeckten: Mit welcher Neugier und Überraschung haben sie diese betrachtet! Nun, diesen Wesenheiten erscheinen die Menschen noch viel fremder, und was sie am meisten überrascht, ist zu sehen, wie sie ihre Meinung äußern und welche Urteile sie fällen. Sie sind unwissend, aber sie äußern sich zu jedem beliebigen Thema. Dann begehen sie natürlich Fehler und leiden, aber sie widersetzen sich und diese Wesenheiten, die sie ansehen, sind verblüfft und fragen sich untereinander: »Wie können wir ihnen helfen?«

Der Grund, warum die Menschen so viele Fehler in ihren Urteilen und mit ihrem Verhalten begehen und so viel Leid kennen, ist, dass sie nicht wissen, wozu sie auf die Erde gekommen sind. Sie kommen und gehen dann wieder. In welchem kosmischen Plan steht ihr Schicksal geschrieben? Wo kommen sie her und wo gehen sie hin? Sie wissen es nicht. Auf diese beiden Fragen gibt es nur eine Antwort: Gott. Und in Wirklichkeit ist dies sogar die einzige Gewissheit.

Wir stammen von Gott und wir kehren eines Tages zu Ihm zurück. Was wird zwischen dieser Abreise und der Ankunft passieren? Welche Wege werden wir im Verlaufe unserer verschiedenen Inkarnationen beschreiten, bevor wir zur Quelle zurückkehren? Das hängt von uns ab. Gott hat für uns Menschen ein besonderes Schicksal vorgesehen. Nur von Zeit zu Zeit haben wir eine Ahnung und eine flüchtig Vision davon. Dann verdunkelt sich von Neuem der Himmel und die Ungewissheiten und Missgeschicke beginnen wieder. Aber an diese flüchtigen Visionen müssen wir uns mit allen Kräften halten und niemals ihre Wirklichkeit infrage stellen. Alle Dinge, die uns auf dem Weg passieren können, stellen nur Etappen dar. Niemals dürfen wir die Vision dessen vergessen und auslöschen, was wir sein werden, wenn wir in den Schoß des Ewigen zurückkehren, reich an gemachten Erfahrungen und an erworbenen und entwickelten Qualitäten und Tugenden.

Das wahre Wesen, das sich nach Licht sehnt, ist in jedem menschlichen Wesen unter dem Staub und den Trümmern dessen, was er nicht ist, vergraben. Aber jeder wird eines Tages so wie Gott ihn erdacht und gewollt hat und so wie er es schon jetzt in seinem höheren Selbst ist.[1] Es ist diese Sicherheit, die allem, was wir gerade erleben, einen Sinn geben muss. Selbst wenn es schwierig ist, darf uns nichts aufhalten auf dem Weg, der uns zum göttlichen Licht führt. Denn die anderen Wege erweisen sich als noch schwieriger und noch schmerzhafter.

Die Reise, die wir schon vor langer Zeit aufgenommen haben, endet nicht mit diesem Leben. Dieses Leben ist nur eine Etappe auf dem Weg, den alle Wesen beschreiten müssen, seit sie den Schoß Gottes verlassen haben. Und wie viele verschiedene Regionen müssen sie besuchen, bis sie zu ihrem Ursprung zurückkehren! Wir sind nur Reisende auf der Erde, das darf man nie vergessen. Doch selbst unter den Spiritualisten sind nur sehr wenige fähig, ständig in sich diese Idee lebendig zu halten, dass sie Reisende sind und nirgends anhalten sollen, um Wurzeln zu schlagen. Der Weg vor uns ist lang, sehr lang. Wir müssen ständig beobachten, studieren, Schlüsse ziehen, um die richtige Richtung zu behalten, um nicht den Mut zu verlieren und die Augen auf das zu erreichende Ziel zu halten.

Seht euch die aufgehende Sonne an, lasst euch von diesem Leben, dieser Pracht durchdringen. Die Empfindungen, die ihr dann habt, geben euch einen Vorgeschmack von dem, was ihr erleben werdet, wenn ihr zu Gott zurückkehrt. Sucht in dieser Quelle des Lichts und in diesem Strahlen, das ein Ausdruck der göttlichen Pracht ist, euer wahres Selbst.[2] An dem Tag, an dem ihr es entdeckt und lernt, euch mit ihm zu identifizieren, werdet ihr erkennen, dass ihr niemals aufgehört habt, in der Allmacht, der Liebe und dem Licht zu leben und dass ihr durch euer Leben, durch eure Aktivitäten an der gigantischen Arbeit teilnehmen könnt, die im Universum geschieht. Und in diesem Moment werden die Worte Jesu: »Mein Vater arbeitet und ich arbeite mit ihm« für euch einen Sinn ergeben.

Wie viele menschliche Wesen auf der Erde zerstören in Wirklichkeit nur die Arbeit Gottes! Die Schöpfung ist in Bewegung und in ständiger Transformation, von den Tiefen der Erde und der Meere bis zu den Sternen und auch in den menschlichen Seelen. Haltet so oft wie möglich inne, um über dieses göttliche Wirken nachzudenken, das gleichzeitig alle Regionen des Universums berührt, das am Bestehen aller Wesen beteiligt ist und alle ihre Bedürfnisse befriedigt. Denn Gott sorgt für das gegenwärtige und zukünftige Leben eines jeden Wesens, er vergisst kein einziges.

Wenn ich beim Reisen in eine neue Stadt komme und diese Menschenmenge in den Straßen sehe, denke ich, dass jeder dieser Männer und Frauen ihr eigenes Leben, ihre Geschichte, ihre zu lösenden Probleme, ihre Leiden, ihre zwischenmenschlichen Beziehungen haben und dass es ein Wesen gibt, das sie alle unterstützt, weil Es in ihnen lebt. Versucht auch ihr, von Zeit zu Zeit daran zu denken. Dann werdet ihr das Feld eures Bewusstseins erweitern und neue Regionen entdecken, wo ihr mit den höheren Wesenheiten in Kontakt tretet.

Anstatt euch mit allen möglichen unnützen oder nichtigen Dingen zu beschäftigen, die euch nur schwächen, konzentriert euch auf den universellen Geist, den Himmlischen Vater, der uns geschaffen hat, der uns trägt, uns unterstützt und in allen Wesen lebt. So werdet ihr der Schwere des Alltags entkommen. Ihr werdet spüren, dass die Verbindung zwischen eurem irdischen Wesen und eurem himmlischen Wesen sich wiederherstellt und eines Tages werdet ihr wie Jesus sagen können: »Mein Vater arbeitet und ich arbeite mit ihm (Jh 5,17).«

Im Moment kennen wir nur den Ausgangspunkt und das Ziel: Gott. Alles andere ist ungewiss. Aber welche Ereignisse auch noch auf dem Weg folgen werden, wir müssen weitergehen, denn nur das göttliche Leben, das ewige Leben verdient den Namen »Leben«.

Ihr werdet sagen: »Aber das ist schwer, so schwer!« Ja, deshalb dürft ihr niemals vergessen, dass in euch ein Geist wohnt, ein Funke, der aus dem Schoße des Ewigen, aus dem ursprünglichen Feuer hervorgesprudelt ist, um sich in der Materie zu verkörpern. Dieser Funke trägt alle göttlichen Pläne in sich und seine Reise durch die Materie hat kein anderes Ziel, als diese Pläne zu verwirklichen. Um durchzuhalten, braucht dieser Funke Nahrung und ein Symbol der physischen wie auch der spirituellen Nahrung: das Brot.

Jesus sprach: »Ich bin das lebendige Brot...«, »Ich bin das Brot, das vom Himmel gekommen ist« (Jh 6,41-58), und beim letzten Abendmahl segnete er das Brot, das er seinen Jüngern gab, indem er sagte: »Nehmet, esset; das ist mein Leib« (Mt 26,26). Das Brot repräsentiert also die Elemente des göttlichen Lebens. Wenn wir auf die Erde kommen, besitzen wir schon einige dieser Elemente. Diejenigen, welche sie in ihren früheren Inkarnationen verschwendet haben, indem sie nicht vernünftig lebten, müssen sich anstrengen, um sie wiederzufinden. Sonst werden sie ihre Reise inmitten von großen Schwierigkeiten fortsetzen.

In einer Einweihungsschule machen wir nichts anderes, als unsere inneren Säcke und Speicher, das heißt unseren Intellekt, unser Herz, unsere Seele und unseren Geist, mit diesem vom Himmel herabgestiegenen Brot zu füllen. Ich habe euch schon oft gesagt, was dieses Brot ist und auch in welchem Moment wir es essen und wie wir es kauen sollen.[3] Es steht uns jeden Tag zur Verfügung, damit wir unseren Weg fortsetzen können, der uns bis zu unserer Vorbestimmung als Söhne und Töchter Gottes führt. Die Herren des Schicksals haben alles vorgesehen, damit wir dorthin gelangen. Vielleicht antworten sie uns nicht, wenn wir sie fragen, aber das ist nur, um uns in Atem zu halten, damit wir immer weitergehen.

Anmerkungen

1. Siehe Band 222 der Reihe Izvor »Die Psyche des Menschen«, Kapitel 13: »Das höhere Ich«.
2. Siehe Band 323 der Reihe Broschüren »Meditationen beim Sonnenaufgang«.
3. Siehe Band 17 der Reihe Gesamtwerke »Erkenne Dich selbst – Jnani-Yoga«, Kapitel 2: »Die synoptische Tafel« und Band 18 der Reihe Gesamtwerke »Erkenne Dich selbst – Jnani-Yoga«, Kapitel 4: »Die Erkenntnis: Herz und Intellekt« und Band 234 der Reihe Izvor »Die Wahrheit, Frucht der Weisheit und der Liebe«, Kapitel 3: »Weisheit und Liebe oder Licht und Wärme«.

Kapitel 2

Sich auf den Weg machen

Von allem, was wir besitzen, von allen Wesen, mit denen wir verbunden sind, gehört uns nichts wirklich und auf Dauer. Das Geld, das Haus, die Lebenssituation, die Gesundheit, die Freunde oder die Familie können jederzeit auf dem Spiel stehen. Sobald wir sie verlieren, sind wir gezwungen, uns an alle Kräfte in uns zu wenden, die uns helfen, diesen Verlust zu ertragen. Wo findet man diese Kräfte? Im Licht, in der selbstlosen Liebe, der Demut, dem Opfer. Also, warum sie nicht sofort und bewusst suchen? Warum soll man nicht freiwillig diese Wahl treffen? Warum soll man darauf warten, von den Ereignissen dazu gedrängt zu werden?

Die Menschen warten, bis sie im Elend, in Krankheit oder im Unglück sind, um eine innere Richtung, eine geistige Orientierung zu suchen. Wenn alles gut geht, ist es schwierig, sie zu überzeugen, dass sie sich auf das Wesentliche konzentrieren sollten, um am Prüfungstag bereit zu sein. Denn die Prüfungen werden kommen, das ist sicher, niemand wird verschont und wenn man schon gut gewappnet ist, wird man sie nicht nur bestehen, sondern aus ihnen sogar gestärkt hervorgehen.

Macht jetzt nicht den Fehler zu glauben, dass die spirituellen Praktiken euch vor allem Übel bewahren werden. Es ist vorzuziehen, auf dem guten Weg zu sein, aber auf dem guten Weg zu sein bedeutet nicht, dass man am Ziel angekommen ist. Doch ist es wahr, dass einige Leiden, in dem Maße wie ihr euch reinigt und in Harmonie mit der Welt des Lichts lebt, verschwinden. Aber das heißt nicht gleichzeitig, dass die Folgen der in diesem oder in vorherigen Leben begangenen Übertretungen mit einem Mal ausgelöscht werden.

Seid also nicht überrascht, wenn trotz der neuen Orientierung, die ihr angenommen habt, euch bestimmte Leiden nicht verlassen. Zur Vereinfachung kann man sagen, dass unsere guten Taten sich in einem Speicher sammeln und unsere schlechten Taten in einem anderen; und dieses Gute und dieses Schlechte holen uns notwendigerweise eines Tages ein. Wir gehen also durch verschiedene Ereignisse, durch psychische und physische Zustände, welche die mehr oder weniger weit entfernten Konsequenzen unseres vergangenen Verhaltens sind.[1]

Sobald ihr euch entschließt, das spirituelle Leben anzunehmen, provoziert ihr eine innere Änderung. Äußerlich geht eure Existenz weiter wie bisher, mit einer bestimmten familiären, sozialen und beruflichen Umgebung sowie bestimmten Problemen, die bestehen bleiben. Und ihr habt auch einen physischen Körper in mehr oder weniger guter Gesundheit.

Nehmen wir gerade die Gesundheit als Beispiel. Es gibt körperliche Schwächen, die eine bessere Lebensweise, unterstützt von einer besseren Philosophie, schnell besiegen kann. Doch es gibt auch unheilbare Krankheiten, denn sie haben ihre Ursache in der entfernten Vergangenheit und sind deshalb tief in euren Organismus eingegraben. Das neue Leben, für das ihr euch entschieden habt, wird euch nur Methoden geben, um euren mangelhaften körperlichen Zustand besser zu ertragen und die Keime einer zukünftigen Verbesserung in euch hineinzutragen, es wird euch nicht von einem auf den anderen Tag heilen.

Für die tägliche Lebensführung ist es wichtig, die Bedeutung des physischen Schmerzes zu verstehen: Er warnt uns, dass wir uns vom richtigen Weg entfernt haben. Wenn wir nicht leiden, rennen wir direkt ins Grab. Nichts ist gefährlicher als eine Krankheit, die sich im Organismus niederlässt, ohne das geringste Alarmsignal zu geben, denn oft sind die verursachten Schäden am Tag, an dem Schmerzen auftreten und uns warnen, nicht mehr zu beheben. Deshalb beginnt euch zu fragen, was der Grund ist, sobald ihr einen Schmerz verspürt, sucht, was ihr an Unvorsicht, Nachlässigkeit usw. begangen habt. Wenn ihr nicht auf die Warnungen hört, wird das Übel, das ihr in euch eintreten lasst, immer schwieriger zu bekämpfen sein.

Wenn ihr unter einer sehr schweren Krankheit leidet, werden euch spirituelle Praktiken vielleicht nicht gesund machen. Der Glaube und die Liebe sind natürlich Kräfte, die fähig sind, sogenannte unheilbare Krankheiten zu heilen, aber das passiert nur in

Ausnahmefällen. Nur sehr wenige Personen haben einen solchen Glauben an Gott und eine solche Liebe zu ihm, dass diese fähig sind, Wunder zu vollbringen.[2] Wer sich damit zufriedengibt, ein ordentliches Leben zu leben, hat nur die Macht, die besten Bedingungen für die Zukunft vorzubereiten. Die Gegenwart erntet die Früchte einer unzulänglichen Vergangenheit, aber diese Gegenwart sät, wenn sie im Licht gelebt wird, die Samen für eine zukünftige Inkarnation. Das Leben des Schülers besteht also aus einer Mischung aus Leiden und Freuden, denn während er für seine vergangenen Überschreitungen bezahlt, weiß er, dass er seine Zukunft erschafft.

Diejenigen, die den spirituellen Weg in der Hoffnung einschlagen, dass sie so vor allen Prüfungen geschützt seien, dürfen sich keine Illusionen machen. Das spirituelle Leben ist kein Feilschen mit dem Herrn. Sie sollen sich nicht einbilden, dass der ganze Himmel ihnen zu Hilfe eilt, vor lauter Entzücken, dass sie Mitglieder einer Kirche, der Universellen Weißen Bruderschaft oder irgendeiner anderen spirituellen Bewegung geworden sind. Genau wie jeder Materialist werden sie allen Schwierigkeiten des Lebens begegnen müssen. Aber sie müssen trotz allem weitergehen, denn sie wissen, dass diese Schwierigkeiten sie reinigen und stärken werden, weil sie gelernt haben, sie auf eine bessere Weise zu betrachten. Eine spirituelle Lehre anzunehmen, das bedeutet nicht, dass der Arme reich, der Unwissende wissend, der Kranke gesund, der Schwache stark und der Verachtete und Verkannte geehrt und gerühmt wird. Nehmt das zur Kenntnis! Es kann sogar sein, dass ihr euch noch ärmer, unwissender, schwächer und dunkler fühlt als vorher. Einige unter euch, denen das sehr klar geworden ist, sagen mir, dass sie nicht verstehen, was mit ihnen geschieht. Was soll ich ihnen antworten? Ganz einfach, dass dies das neue Leben ist, das in ihnen zu kreisen beginnt.

Ja, denn dieses neue, intensivere Leben verfeinert zunächst die Wahrnehmung gegenüber eurem inneren Wesen und es ist normal, dass ihr zu Anfang mit dem, was ihr dort entdeckt, nicht so glücklich seid. Aber euer Verständnis wächst auch, worüber ihr euch freuen müsst. Ihr werdet sagen: »Aber ich befreie mich nicht, ich stärke mich nicht!« Was wisst ihr davon? Vorher, als ihr euch nicht bewegt habt, hattet ihr keine richtige Wahrnehmung eurer Fähigkeiten und ihr konntet euch einbilden, mächtig und frei zu sein. Jetzt, da ihr euch entschlossen habt zu arbeiten, seid ihr angesichts eurer bescheidenen ersten Ergebnisse gezwungen, eure Grenzen zu erkennen. Dies ist kein Grund, entmutigt zu sein und mit der Arbeit aufzuhören. Nach und nach werdet ihr Kräfte gewinnen und euren Bereich erweitern. Doch man muss damit beginnen, sich so zu sehen, wie man ist.

Ihr habt sicher »Gullivers Reisen« von Swift gelesen. Nachdem Gulliver Schiffbruch erlitten hatte, erwachte er eines Morgens an einem unbekannten Strand. Als er aufstehen wollte, wurde ihm klar, dass er gefesselt war: Während seines Schlafes haben die winzigen Einwohner dieses Landes, die Liliputaner, ihn mit Hunderten von kleinen Stricken an den Boden gebunden.

Übertragt dieses Abenteuer auf die spirituelle Ebene: Da ihr noch nie versucht habt, euch zu bewegen oder aufzustehen, wisst ihr nicht, dass ihr gefesselt seid.Doch sobald ihr versucht, euch wieder aufzurichten, um euch auf den Weg zu machen, fühlt ihr euch schwach und gelähmt. Der Hund, das Pferd und die Ziege fühlen nicht, dass sie an einem Pfahl befestigt sind, außer wenn sie frei umherlaufen wollen. Und für den Menschen sind diese Bindungen alle dunklen Neigungen, die ihn in den niederen Ebenen des Bewusstseins festhalten.

Wer auf einem Stuhl sitzen bleibt, kann sich einbilden, zu allen möglichen Leistungen fähig zu sein. In dem Moment, wo er aufsteht, erkennt er den wahren Zustand seiner Kräfte. Dann ist er gezwungen, gewisse Illusionen zu verlieren. Später, in seiner Enttäuschung, glaubt er sich dann schwächer als er ist. Nein, im Gegenteil, diese Erkenntnis ist der Beginn seiner Kraft. Die Schwierigkeiten, die ihm beim Versuch, sich von seinem alten Zustand zu entfernen, widerfahren, sind der Beweis, dass er versucht, sich zu bewegen und dass er sich anstrengt. Er leidet, weil er endlich beginnt, eine neue Welt zu spüren, zu erleben und seine Schritte in diese Richtung zu lenken.

Nehmen wir das Beispiel von jemandem, der es seit Jahren gewohnt ist, zu rauchen. Er zündet eine Zigarette an und ist zufrieden und entspannt, so als ob das Rauchen zu seinem Wohlbefinden beitragen würde, obwohl er in Wirklichkeit dabei ist, seine Gesundheit zu zerstören. Eines Tages versteht er schließlich, dass es vernünftig wäre, damit aufzuhören. Doch dann beginnen alle Zellen seines

Organismus, die er an den Rauch gewöhnt hat, zu revoltieren, zu protestieren, Bittschriften zu unterschreiben und sie bestürmen ihn, bis er kapituliert.

Wer hat nicht von den unendlichen Kämpfen gehört, die der Raucher oder Alkoholiker durchstehen muss, um sich von seinen unheilvollen Gewohnheiten zu befreien? Warum dieser Kampf? Weil die Gewohnheiten Bindungen sind, die man mit den lebendigen Geschöpfen, die unsere Zellen sind, geschaffen hat, und diese Bindungen zu durchtrennen, ist sehr schwer, die Zellen widersetzen sich. Der Entschluss, das Leben zu ändern, ist ein heldenhaftes Unternehmen.

Tabak, Alkohol und Drogen sind Beispiele, die alle leicht verstehen. Aber das Gleiche gilt für all die schlechten Angewohnheiten und Neigungen: Die Mängel, Laster und auch die Krankheiten sind Wesenheiten, die sich in uns niedergelassen haben und einen Eigenwillen besitzen, was ihre Widerstandsfähigkeit erklärt. Genau das enthüllen auch einige Kapitel in den Evangelien, die berichten, wie Jesus die Dämonen austrieb. [3]

Weil er die finsteren Wesenheiten aus ihren Körpern vertrieb, fanden die Verrückten ihren Verstand wieder, die Stummen die Stimme und die Gelähmten den Gebrauch ihrer Glieder. Doch diese Wesenheiten akzeptieren ihre Niederlage nicht so leicht, sie tun, was sie können, um wieder die Oberhand zu gewinnen. Und Jesus erklärte: »Wenn der unreine Geist von einem Menschen ausgefahren ist, so durchstreift er dürre Stätten, sucht Ruhe und findet sie nicht; dann spricht er: Ich will wieder zurückkehren in mein Haus, aus dem ich fortgegangen bin. Und wenn er kommt, so findet er's gekehrt und geschmückt. Dann geht er hin und nimmt sieben andere Geister mit sich, die böser sind als er selbst; und wenn sie hineinkommen, wohnen sie darin, und es wird mit diesem Menschen hernach ärger als zuvor« (Lk 11,24).

Unsere Schwächen, genau wie auch unsere Tugenden, sind lebendige Wesenheiten, die uns als ihr Haus ausgewählt haben. In dem Maße, wie wir uns anstrengen, uns zu bessern, müssen die finsteren Wesenheiten uns verlassen, denn unsere innere Atmosphäre wird für sie unerträglich. Diese Reinheit und dieses Licht, um dessen Einkehren wir uns bemühen, vertragen sie nicht, und sie ergreifen die Flucht. Sind sie einmal draußen, suchen sie eine neue Bleibe, indem sie in andere Personen eindringen und durch diese anderen Personen versuchen sie dann, uns zu schaden. Doch die dadurch entstehenden Nachteile sind kleiner als die zu jener Zeit, wo sie noch unser Haus bewohnten. Und da wir diese Feinde im Inneren besiegt haben, sind wir stärker, um sie außen zu besiegen. Wird es uns schließlich gelingen, von ihnen endgültig frei zu sein? Nein, solange man auf der Erde ist, begegnet man Schwierigkeiten und Gegnern.

Warum haben so viele bemerkenswerte Menschen schreckliche Feindschaften hervorgerufen? Genau weil die dunklen Kräfte, die sie aus ihrer inneren Welt vertrieben hatten, sie durch andere Personen, die sich von ihren Qualitäten, ihren Tugenden und ihrer Charakterstärke gestört fühlten, erneut angriffen. Die Menschen, die ein gewöhnliches Leben führen und niemanden stören, mit denen ist alle Welt zufrieden. Sobald sie beschließen, einige schlechte Angewohnheiten abzulegen, beginnen diese vertriebenen Feinde, sie von außen anzugreifen. Doch auch wenn es nicht leicht ist, ihnen gegenüberzutreten, so sind die äußeren Feinde weniger gefährlich als die inneren.

Also, wie soll man sich jetzt gegenüber diesen äußeren Gegnern verhalten? Mit Liebe, Sanftheit und Geduld. Ja, für die inneren Feinde braucht es Entschlossenheit, Autorität, Strenge, aber nicht für die äußeren Feinde, da ist es nicht die richtige Methode. Unglücklicherweise machen die Menschen meistens das Gegenteil: Sie zeigen Geduld und Nachsicht gegenüber ihren inneren Feinden und eine extreme Strenge gegenüber ihren äußeren Feinden. Warum also sollte man sich wundern, wenn sie sich weiter mit unlösbaren Schwierigkeiten herumschlagen?

Ich werde euch jetzt eine türkische Geschichte erzählen. Bulgarien hat bis zum Beginn des zwanzigsten Jahrhunderts unter türkischer Herrschaft gelebt, weshalb damals natürlich viele wirkliche oder ausgedachte Anekdoten umherkreisten, deren Helden Türken waren.

Also, eines Tages machte ein Kämpfer von imposanter Größe einen Spaziergang in einer kleinen Straße Istanbuls. Er war in der ganzen Stadt für seine Heldentaten bekannt und er ging stolz durch die Menge... Im Vorbeigehen stieß er einen Mann an, der vor ihm ging und entrüstet aufschrie: »Bist du blind? Hast du nicht gesehen, dass jemand vor dir geht? Wie wagst du es, einen so ehrenwerten Mann wie mich anzurempeln?« Der Kämpfer drehte sich um und gab als Antwort nur einen Schlag, der ihn zu Boden warf. Dann setzte er ruhig seinen Weg fort. Etwas später überholte er einen anderen Mann, den er in gleicher Weise anrempelte. Doch dieser sah ihn ohne Wut an und sagte zu ihm: »Ich bin sehr froh, dich anzutreffen. Es ist mir eine große Ehre, von einem Champion wie dir angestoßen zu werden.« Daraufhin zog der Kämpfer aus seiner Tasche einen Beutel voller Geld und sagte zu ihm: »Hier, das ist für dich! Ich belohne die Weisen. Die anderen werfe ich zu Boden.«

Ist diese Geschichte wahr oder nicht? Ganz gleich: Sie ist vom symbolischen Standpunkt her interessant zu interpretieren. Auf dem Lebensweg werden wir oft von schwierigen Ereignissen und Situationen angestoßen, aber es nutzt nichts zu protestieren und sich zu entrüsten, indem man sagt: »Wie? So etwas tut man mir an?«, denn dies ist die beste Art, um weiter Schläge zu empfangen und niedergeworfen zu werden. Im Gegenteil, derjenige, der erkennt, dass es ein Segen ist, gestoßen zu werden, gewinnt immer etwas: Er gewinnt Erfahrung, er stärkt sich, er bereichert sich.

In gewisser Weise kann man die Reaktionen der beiden Passanten als Ausdrucksformen unserer beiden Naturen betrachten: der niederen, empfindlichen, rachsüchtigen Natur und der höheren Natur, die in jeder Schwierigkeit eine Gelegenheit zur Vervollkommnung sieht.[4] Wenn ihr euch in einer schwierigen oder demütigenden Situation wiederfindet, erinnert euch an diese beiden Türken, die von einem Kämpfer in einer Straße Istanbuls angestoßen wurden. Der erste hat zwei Niederlagen erlitten: Er konnte dem Befehl seiner niederen Natur nicht widerstehen, die ihn zum Protestieren drängte, und außerdem wurde er niedergeworfen. Der zweite hat zwei Siege errungen: Er hat dem Ratschlag seiner höheren Natur gelauscht und außerdem einen vollen Geldbeutel erhalten.

Anmerkungen

1. Siehe Band 202 der Reihe Izvor »Der Mensch erobert sein Schicksal«, Kapitel 8: »Die Reinkarnation«.
2. Siehe Band 239 der Reihe Izvor »Die Liebe ist größer als der Glaube«, Kapitel 4: »Dein Glaube hat dir geholfen«.
3. Siehe Band 5 der Reihe Gesamtwerke »Die Kräfte des Lebens«, Kapitel 7: »Die unerwünschten Wesen«.
4. Siehe Band 213 der Reihe Izvor »Die menschliche und göttliche Natur in uns«.

Kapitel 3

Das Leiden als Antrieb

Was sagen die meisten Religionen über das Leiden? Sie sagen, es komme von Gott. Gott schicke den Gerechten Prüfungen, weil Er sie liebe und verfolge die Bösen, um ihre Fehler zu bestrafen und sie wieder auf den rechten Weg zu bringen. Ist es tatsächlich Gott, der sich damit befasst, den gerechten und ungerechten Menschen Leiden zu schicken?

Ein Kind schreit und weint. Seine Mutter eilt herbei, und das Kind sagt zu ihr: »Es ist wegen Toto. – Aha? Was ist denn passiert? – Ich wollte auf sein Fahrrad steigen und er wollte es mir nicht leihen. Also habe ich versucht, es wegzunehmen, bin aber abgerutscht und mit dem Kopf an die Mauer gestoßen. Toto ist böse.« Das Kind hat versucht, sich das Fahrrad seines Freundes anzueignen und hat sich dabei wehgetan, aber sein Freund ist schuld, nicht es selbst...

Eine Frau ist in den Ehemann ihrer Freundin verliebt und akzeptiert nicht, dass dieser Mann, von dem sie glaubt, dass er ihr gehören müsste, mit einer anderen verheiratet ist. Natürlich leidet sie. Doch statt anzuerkennen, dass sie sich selbst in eine unmögliche Situation gebracht hat, lässt sie sich von Eifersucht überwältigen, hegt Rachepläne und macht ihr Leben zur Hölle.

Wie viele Leiden, über die sich die Menschen beschweren, ähneln dieser Art von Leiden! Sie wollen sich aneignen, was anderen gehört: Gegenstände, Grundstücke, Ehemänner, Frauen, Positionen usw., und natürlich sind die anderen schuld, weil sie sich ihren Begierden und ihrem Ehrgeiz widersetzen. Wie also können sie sich von diesen Leiden befreien, wenn sie nicht begreifen wollen, dass sie selbst deren Ursache sind? Gott hat damit nichts zu tun.

Alle Menschen müssen diese Leiden erfahren, solange sie nicht verstehen, dass ihnen nichts, was sie besitzen oder besitzen wollen, Sicherheit geben kann. Jemand leidet, weil er sich arm, schwach, krank, unwissend, hässlich oder einsam fühlt. Doch reich, mächtig, gesund, gebildet, schön oder von vielen Leuten umgeben zu sein, hat noch niemanden verhindert, zu leiden. Oft ist man sogar überrascht zu sehen, von welchen inneren Qualen Männer und Frauen geplagt werden, von denen man sagt, sie hätten alles, um glücklich zu sein.

Diejenigen, die sich mehr auf geistigen Erwerb konzentrieren, können, wie gesagt, bestimmten Leiden nicht entgehen, aber sie befreien sich. Diejenigen hingegen, die nur daran denken, ihr Bankkonto, ihren sozialen Einfluss und ihre Macht über die anderen zu vergrößern, begrenzen sich in Wirklichkeit innerlich. Selbst wenn sie sich zunächst dadurch befriedigt fühlen, werden sie früher oder später gezwungen sein, sich auch äußerlich zu begrenzen. Sie leiden also und dieses Leiden bringt nichts Gutes, weder für sie, noch für die anderen. Es macht sie nur böse. Wer kann es schon akzeptieren, das aufzugeben, wofür er so viel Zeit und Energie aufgewendet hat?

Es kommt vor, dass große Leiden mit der Zeit die Seele desjenigen erweichen, der seine Befriedigung einzig in der Materie gesucht hatte, doch dies ist selten. Die Leiden dagegen, die derjenige erlebt, der auf dem Weg des spirituellen Wachstums schreitet, lassen ihn in der Liebe und im Licht wachsen. Diese Leiden sind vergleichbar mit denen einer Mutter, die ein Kind zur Welt bringt. Dieses Kind ist die Frucht eines langen Reifeprozesses und seine Ankunft in der Welt ist häufig mit Schmerzen verbunden, doch welche Freude, wenn es endlich angekommen ist! Von dieser Erfahrung ist das Christentum inspiriert, wenn es lehrt, dass das Ziel des spirituellen Lebens die Geburt des Christuskindes in jedem Wesen ist.[1]

Vermeidet Leiden, die euch begrenzen. Diese Art von Leiden sind nicht von der Evolution vorgesehen. Nicht Gott schickt sie den Menschen, sondern sie selbst bringen sie in ihrer Unwissenheit hervor und vermehren sie, indem sie ihre Fehler wiederholen. Sie beschweren sich, klagen, aber wenn man sie von diesen Leiden befreit, so tun sie alles, um weitere Leiden anzuziehen. Man wird sagen, dass sie nicht anders können. Natürlich würden sie dies nicht anerkennen, doch es ist trotzdem die Wahrheit. Der Friede und die Heiterkeit sind ihnen fremd. Dabei aber langweilen sie sich, sie wissen nicht, was sie tun sollen und stürzen sich von Neuem in Aktivitäten, die sie wieder leiden lassen.

Aber ja, seht nur: Ein Krieg, dann ein anderer und noch ein anderer brechen an verschiedenen Orten auf der Erde aus. Die ganze Welt klagt und fragt sich, warum es diese Kriege gibt... Ganz einfach, weil die Menschen die guten Bedingungen, die ihnen der Frieden gibt, nicht zu nutzen wissen.[2]

Es erfordert großes Wissen, um die richtigen Beschäftigungen für friedliche Zeiten zu finden. Übrigens, selbst zu friedlichen Zeiten befinden sich die Menschen weiterhin im Krieg. Überall sieht man nur Rivalität. Die Politik, der Handel, die Finanzen, die Religion und selbst die Familie sind Objekte der Auseinandersetzung, sogar wahre Schlachtfelder. Da braucht man nicht überrascht zu sein, dass fast überall bewaffnete Konflikte ausbrechen und so viel Unglück nach sich ziehen! Anschließend fleht man den Herrn an, das Ende dieser Kriege herbeizuführen und Frieden zu bringen. Doch sagt mir mal, inwieweit dies den Herrn betrifft. Welche Vorstellung haben die Menschen von Ihm?

Man muss lernen, zwei Arten von Leiden zu unterscheiden, um jene zu meiden, die zeigen, dass man den falschen Weg genommen hat und dagegen diejenigen zu akzeptieren, denen man notwendigerweise begegnet, wenn man auf dem Weg des Guten voranschreitet. Natürlich ist es nicht immer einfach, die Art des Leidens zu unterscheiden, noch zu erkennen, ob es konstruktiv oder destruktiv ist. Doch ihr kennt die Kriterien und wenn ihr gelernt habt, euch zu analysieren, werdet ihr dies schnell erkennen.

Nun heißt das nicht, dass ihr euch Gelegenheiten erschaffen sollt, zu leiden und unglücklich zu sein, weil ich euch gesagt habe, dass das Leiden notwendigerweise eure Entwicklung begleitet. Die Leiden begleiten jede Entwicklung und wir können sie nicht vermeiden, doch es ist unnütz und sogar gefährlich, noch mehr Leiden hervorrufen zu wollen. Wie viele Mönche und Asketen, die diese Frage falsch verstanden haben, fügten sich freiwillig alle möglichen Leiden selbst zu, »um Gott zu gefallen«, so dachten sie! Als wenn Gott Gefallen daran hätte, den Menschen verwundet und blutend zu sehen! Aber nur wenige Religionen haben diese Art von Praktiken nicht empfohlen, und manche tun es heute noch.

Es wird Zeit zu verstehen, dass der Herr das Leiden der Menschen nicht braucht. Die Zeit der Kasteiungen, der Foltern und Märtyrer ist beendet. Seinen Körper zu verstümmeln, sein Leben zur Schau zu stellen und zu zerstören, diese Art, sich der Gottheit als Opfer darzubieten, trägt keine Früchte. Das wahre Opfer ist die brüderliche, selbstlose Liebe für alle Menschen. Derjenige, der den Sinn und die Macht der Liebe verstanden hat, braucht sich keine Leiden aufzuerlegen. Seine Anteilnahme am Leiden der Unglücklichen genügt! Und all die Hindernisse, denen er in seinen Bemühungen begegnet, um ihnen zu helfen, bieten derart viele Gelegenheiten zu leiden! Doch vor diesen Leiden darf er nicht zurückschrecken, denn sie lassen ihn größer und edler werden.

Derjenige, der die anderen liebt und der ihnen wirklich helfen will, ist jeden Tag mehr gezwungen, seinen Egoismus und seine Voreingenommenheit abzulegen. Es reicht nicht, sich mit seinen guten Absichten und Gefühlen darzustellen. Man muss eine Wandlungsarbeit leisten und diese Arbeit ist schwer. Warum verlieren so viele Leute den Mut angesichts der Schwierigkeiten, denen sie begegnen, wenn sie anderen helfen wollen? Weil sie nicht verstanden haben, dass es die größte Selbstlosigkeit erfordert, den anderen zu helfen.

Kein Wesen auf der Erde ist vor Leiden geschützt. Man muss nur wissen, dass es nützliche, wohltätige Leiden und andere, unnütze und sogar schädliche Leiden gibt. Die unnützen Leiden sind diejenigen, die man sich selbst erschafft, indem man die Gesetze der Aufrichtigkeit, Gerechtigkeit, Güte, Weisheit und Liebe übertritt. Sie verdienen nicht so viel Mitgefühl, da sie dem Leiden des Wolfes gleichen, der sich nicht auf das Schaf stürzen kann, weil es vom Schäfer behütet wird oder dem Leiden des Fuchses angesichts der Hühner im sicheren Stall. Trotz allem gibt es in Wirklichkeit für denjenigen, der daraus lernen kann, einen Nutzen in dieser Art von Leiden. Er versteht, dass er seine Gedanken, Gefühle und Wünsche besser lenken muss, weil er sich sonst selbst zerstören würde.

Alle kennen das Leiden, es ist unausweichlich. Doch der Böse, der auf seiner Boshaftigkeit besteht, verliert etwas, wogegen der Gute, der leidet, während er auf dem guten Weg bleibt, reicher wird. Seht euch die Gesichter der Eifersüchtigen und Neidischen an. Ihre Frustrationen spiegeln sich in finsteren, betrübten und verkniffenen Gesichtszügen wieder.

Schaut euch nun diejenigen an, die sich aufgeopfert und für große und ehrenwerte Dinge gelitten haben. Selbst wenn man sie nicht verstanden hat, so haben die Prüfungen sie nobler und schöner gemacht. Sie haben neue Welten in sich entdeckt und die wahre Kraft erlangt.

Das Universum, sein Funktionieren und seine Entwicklung werden von unerschütterlichen Gesetzen regiert, die Gott geschaffen hat. Der Mensch ist Teil dieses Universums. Wenn er die Gesetze überschreitet, widersetzt er sich den kosmischen Mächten und erhält Schläge.[3] Es ist also wahr, dass man in gewisser Weise sagen kann, dass Gott ihn bestraft. Und wenn er sich bemüht, die Gesetze immer besser zu verstehen und zu befolgen, lassen ihn die Schwierigkeiten, die er antrifft, auch leiden. Doch die letzteren Schwierigkeiten, die sich natürlicherweise auf dem Weg der Entwicklung befinden, tragen zu seiner guten Entwicklung bei. Deshalb kann man auch sagen, dass Gott die Gerechten leiden lässt, weil Er sie liebt. Seine Liebe will das Wachstum, ihr Erblühen. Diese Liebe ist Teil der kosmischen Gesetze.

Es obliegt nur dem Menschen, die Form des Leidens zu wählen, die er am günstigsten für sich findet. Das Leiden zu verhindern, darf niemals das Ziel sein, denn es zwingt uns, Fortschritte zu machen und man kann immer voranschreiten. Wenn es wahr ist, dass das Leiden die Menschen böse machen kann, so macht es das Nicht-Leiden auch. Derjenige, der nicht selbst gelitten hat, kann nur schwer das Leiden der anderen verstehen und er kann ihnen gegenüber ungeduldig und grausam werden. Das Gefühl öffnet dem Nachdenken die Tür. Einige schmerzhafte Gefühle drängen uns, uns immer mehr dem Wesentlichen zu nähern. In Wahrheit ist das Leiden ein Antrieb. Es bringt uns nicht nur auf den rechten Weg, wenn wir von ihm abkommen, sondern es zwingt uns auch, immer weiter und höher zu gehen.

Meister Peter Danov sagte: »Wenn es Zeit ist, das Hemd zu waschen, muss man dann weinen? Wenn es Zeit ist, Samen in die Erde zu setzen, muss man dann weinen? Wenn es Zeit ist, Weizen zu mahlen, muss man dann weinen?...« Das Hemd zu waschen, Samen in die Erde zu setzen und Weizen zu mahlen entsprechen Aktivitäten des spirituellen Lebens. Welchen? Sein Hemd zu waschen, bedeutet, sich zu reinigen. Samen in die Erde zu setzen, das bedeutet, gute Gedanken und gute Gefühle in seinen Kopf und sein Herz sowie auch in die Köpfe und Herzen anderer zu setzen. Weizen zu mahlen, das bedeutet, das Brot des Lebens zu bereiten. Diese drei Aktivitäten werden von bestimmten Leiden begleitet, doch von so segensreichen Leiden! Es sind diese göttlichen Leiden, die, wenn sie bewusst ertragen werden, alles, was wir danach erleben, mit Schönheit, Duft und Geschmack durchdringen.

Anmerkungen

1. Siehe Band 321 der Reihe Broschüren »Weihnachten und das Mysterium der Geburt Christi«.
2. Siehe Band 208 der Reihe Izvor »Das Egregore der Taube – Innerer Friede und Weltfriede«, Kapitel 1: »Ein besseres Verständnis des Friedens«.
3. Siehe Band 12 der Reihe Gesamtwerke »Die Gesetze der kosmischen Moral«, Kapitel 6: » Das Gesetz der Affinität und die wahre Religion «.

Kapitel 4

Gottes Antworten in sich selbst suchen

Warum verlieren so viele Gläubige ihren Glauben? Weil er ihnen in den meisten Fällen bei den Prüfungen nicht hilft. Die Dogmen der Religion, die sie blind akzeptieren sollen, bringen ihnen keinerlei Hilfe. Also wird ihr Glaube nach und nach wie ein Kleidungsstück, das zerfranst. Es ist vergebens, ihnen zu sagen, dass sie Antworten in der Religion finden werden, denn sie fühlen sich verloren und leer.[1] Es ist unnütz, sie vom Gegenteil dessen überzeugen zu wollen, was sie fühlen. Gegen das Gefühl hilft kein Argument.

Mehrere Male im Leben müssen die Menschen Prüfungen durchstehen, die sie zwingen, sich die einzig wichtigen Fragen über den Sinn ihres Lebens zu stellen. Selbst wenn sie sich in diesem Moment aufrichtig der Religion zuwenden, erhalten sie oft Antworten, die sie als unzureichend, lächerlich oder gar ungeheuerlich empfinden. Ein Vater und eine Mutter sehen ihr Kind sterben und fragen sich: »Aber warum? Warum?...« Welchen Trost können sie in den Worten von jemandem finden, der sagt:

»Das ist der Wille Gottes«? War es der Wille Gottes, dass ihr Kind krank wurde und starb? Ist es Gott, der gewollt hat, dass es eines Abends, nachdem es mit seinen Freunden zu viel getrunken hatte, bei einem Autounfall starb? Ist es Gott, der gewollt hat, dass es Drogen nimmt und Selbstmord begeht?

Man muss den Menschen jetzt das wahre Wissen geben, das Einweihungswissen, denn sonst wird das Wort »Religion« keinen Sinn mehr für sie haben, was auch immer man tut. Man sieht dies übrigens schon: Es sind immer mehr die Ärzte, Krankenschwestern, Psychologen, Psychoanalytiker und nicht die Priester und Pastoren, die den Leuten helfen, die Prüfungen des Lebens durchzustehen.

Es kann auch vorkommen, dass einige Menschen, vom Leiden überwältigt, so tief in sich selbst eintauchen, dass sie dort, in sich selbst, die Antworten finden. Es ist nicht die Religion oder der Glaube, die ihnen helfen, sondern sie finden in sich selbst einen Glauben aufgrund der Erfahrung, die sie gerade erleben. Denn in Wahrheit hat Gott die Antworten auf alle Fragen, die der Mensch sich stellt, und alle Mittel, die er braucht, um den Prüfungen des Lebens zu begegnen, in den Menschen selbst gelegt. Durch das Umhertasten kann er sie finden und er wird sie auf diese Weise sogar mit mehr Gewissheit finden, als in allen Worten der Religiösen.

Natürlich stellen sich die Menschen besonders dann Fragen über die Existenz und den Willen Gottes, wenn sie gerade leiden. Sie fragen vor allem: »Wird Er mir zu Hilfe kommen?« Doch sie erhalten keine Antworten. Warum? Weil sie sich diese Frage stellen, als wäre Gott ein Wesen vollkommen außerhalb von ihnen selbst. Wenn sie verstehen, dass Gott in ihnen wohnt und wenn sie durch alle Leiden hindurch sich weiter mit Ihm verbinden, ja, dann werden sie spüren, dass er sie führt, erleuchtet und unterstützt.

Derjenige, der leidet, fühlt sich oft sehr allein, von allen verlassen. Warum soll er nun auch noch durch Nachlässigkeit und Unwissenheit die einzige Hilfe, den einzigen Trost verlieren, den er erhalten kann? Diese Hilfe, dieser Trost findet sich in der Gegenwart Gottes in ihm. Wenn er betet, wendet er sich nicht nur an den Schöpfer des Himmels und der Erde, an dieses Wesen, das so weit entfernt ist, dass er Es sich nicht einmal vorstellen kann, sondern an eine Macht, die in ihm wohnt und zu der er nie wieder die Verbindung verlieren kann.[2]

Man kann verstehen, dass die Männer und Frauen sich in ihrer Not an Geistliche, Ärzte und Psychologen wenden und sich sogar dem Radio und dem Fernsehen anvertrauen. Die Antworten, die sie erhalten, hängen von der Qualität derjenigen ab, die sie befragen. Was sie jedoch wissen müssen, ist, dass die wahren Antworten in ihnen selbst liegen und darauf warten, gefunden zu werden. Während sie also weiter anderen Fragen stellen, weil es ihnen gut tut, sollten sie sich trotzdem bemühen, in sich selbst zu suchen, in ihrer Seele, in ihrem Geist. Denn die wahren Antworten erhalten sie nur, wenn es ihnen gelingt, ihren inneren Gott zu befragen.

In Wahrheit erhaltet ihr Antworten für alle eure Fragen und Gebete. Wenn ihr sie nicht hört, so ist dies wegen der dicken Mauern, mit denen ihr euch umgeben habt durch Gedanken, Gefühle, Verlangen und Handlungen, die nicht von Liebe, Weisheit und Wahrheit inspiriert waren. Aber beginnt, diese Mauern niederzureißen und ihr werdet Antworten erhalten. Manchmal werden sie sogar kommen, bevor ihr auch nur eine Frage formuliert habt.[3] Was ich euch sage, das könnt ihr auf folgende Weise nachprüfen: Stellt die Frage diesem Wesen in euch, das alles weiß, eurem höheren Selbst, das ein Repräsentant von Gott selbst ist und stellt sie mit einer vollkommenen Aufrichtigkeit, einem vollkommenen Vertrauen. Sobald die Frage gestellt ist, vergesst sie... Die Antwort kommt früher oder später. Sie wird euch in einem Traum erscheinen oder durch eine Begegnung mit einer Person, die nicht weiß, was euch beunruhigt oder quält. Oder aber sie kommt durch ein Buch, das ihr lest, durch ein Kunstwerk, das ihr hört oder betrachtet oder ein Phänomen in der Natur... Man muss jedoch Augen haben, die beobachten und Ohren, die zuhören. Wenn ihr bewusst und wachsam seid, werdet ihr sogar überrascht sein über die Antworten, welche die unsichtbare Welt euch durch Geschöpfe, Menschen, Tiere oder sogar Planeten geben kann, wie auch durch Gegenstände, die ihr bisher als fremd, belanglos, stumm und leblos gehalten habt.

Aber ihr müsst auch wissen, dass die Antwort, die ihr erhalten werdet, nicht unbedingt leicht zu akzeptieren ist. Wenn ihr euch mit einer unentwirrbaren Situation herumplagt und euch fragt, wie ihr dieser entkommen könnt, möchtet ihr gerne glauben, dass eine Lösung erscheinen und euch wie durch einen Zauberstab befreien wird. Oh nein, es kann vielmehr sein, dass diese Lösung von euch enorme Anstrengungen verlangt. Doch schreckt nicht davor zurück, denn wenn dies wirklich die Lösung ist, so ist sie, selbst wenn sie weh tut, mehr wert als alles Zögern, alle Ungewissheit und alle Ängste, in denen ihr bis dahin gelebt habt.

Anmerkungen

1. Siehe Band 238 der Reihe Izvor »Der Glaube versetzt Berge«, Kapitel 3: »Wahrer Glaube und persönliche Überzeugung« und Kapitel 7: »Die Religion ist nur eine Form des Glaubens«.
2. Siehe Band 238 der Reihe Izvor »Der Glaube versetzt Berge«, Kapitel 9: »Der Beweis für die Existenz Gottes ist in uns« Kapitel 10: »Die Identifikation mit Gott«.
3. Siehe Band 228 der Reihe Izvor »Einblick in die unsichtbare Welt«, Kapitel 7: »Die Botschaften des Himmels«.

Kapitel 5

In der Schule des Lebens: Die Lektionen der kosmischen Intelligenz

Was wir Prüfungen nennen, ist nur eine Folge von Problemen oder Aufgaben, die wir im Laufe unseres Lebens zu lösen haben, genau wie die Aufgaben, welche die Kinder in der Schule und die Studenten in der Universität zu lösen haben. Wenn sie Fortschritte machen, gibt man ihnen schwierigere Übungen und verlangt von ihnen, die Themen mehr zu vertiefen. Selbstverständlich kommt irgendwann der Tag, an dem sie die Schule oder Universität verlassen, aber niemand verlässt jemals die Schule des Lebens.

Die Übungen und Anstrengungen, welche die Menschen im Laufe ihres Lebens zu machen haben, hören darum niemals auf. Anstatt sich also zu beschweren und aufzulehnen, weil es noch eine Last zu tragen und ein Hindernis zu überwinden gibt, müssen sie zuerst den Grund und Sinn dieser Prüfungen verstehen und sich dann auch freuen, neue Erfahrungen machen zu können sowie neue Wahrheiten entdecken zu dürfen. Denn diese Erfahrungen und Wahrheiten sind die einzig wahren Reichtümer. Wenn ihre Kraft, ihr Glaube und ihre Liebe nach einer Prüfung wachsen, so haben sie das Examen gut bestanden und diese gewachsene Kraft, dieser Glaube und diese Liebe sind wie Diplome, die sie dafür erhalten.

Beurteilt man die Reaktionen und das gewöhnliche Verhalten einiger Leute, könnte man meinen, sie nehmen das Leben wie eine feindliche Gottheit wahr, die Mittel sucht, um sie zu zerstören. Das Leben ist die größte Kraft, die existiert, aber es hat keinerlei Absicht, die Menschen zu zerstören. Die Schwierigkeiten und Hindernisse, die uns im Weg stehen, haben zum Ziel, uns zu stärken, nicht uns zu zerstören, und es ist unsere Aufgabe, uns mit dieser Macht, die das Leben ist, zu versöhnen, indem wir lernen, mit ihr zu arbeiten.[1]

Warum ist das, was schwierig und schmerzhaft für die einen ist, nicht schwierig und schmerzhaft für andere? Das ist genau wie in der Schule, wo einige Schüler eine Aufgabe in wenigen Minuten beenden und eine hervorragende Note erhalten, während andere sich sehr anstrengen, nicht fertig werden und eine jämmerliche Note bekommen. Und wenn sie, anstatt den Problemen zu begegnen und die Lösungen in sich selbst zu suchen, damit zufrieden sind, ihnen auszuweichen und zu entfliehen oder die anderen für ihre Schwierigkeiten verantwortlich zu machen, so wird sie das Leben später wieder erwischen und es wird immer schwieriger werden, diese Probleme zu lösen. Ja, genau wie in der Schule! Genauso verliert der Schwache oder Faule, der sowieso schon arm ist, in den Schwierigkeiten noch mehr, während derjenige, der arbeitet und schon reich ist, noch mehr dazuverdient.

Ich habe euch gelegentlich von der Analogie erzählt, die zwischen den inneren Schwierigkeiten und einem Sumpf besteht. Solange der Sumpf nicht trockengelegt ist, leben wir im Nebel und werden von Mücken geplagt, denn der Sumpf bietet die besten Bedingungen für ihre Vermehrung. So ist unser Leben nur ein unendlicher Kampf gegen den Nebel und die Mücken. Wenn man gewisse Leute sieht, die sich jahrelang mit denselben unlösbaren Problemen herumschlagen, jeden Tag ihr Unwohlsein ausbreiten und sich jeden Tag über die gleichen Dinge beschweren, so würde man ihnen gerne helfen, sich davon zu befreien. Doch wie nur? Man spricht mit ihnen, man erklärt ihnen, dass die äußeren Bedingungen sich nicht ändern werden und sie sich ändern müssen. Nichts zu machen. Sie bleiben in ihrem Sumpf mit ihren Mücken.[2]

Während ich zu euch spreche, bin ich sicher, dass jeder von euch zumindest an eine Person in seiner Umgebung denkt. Denn es ist einfach zu sehen, was bei den anderen passiert... einfacher als zu sehen, was in einem selbst geschieht. Dabei erlebt jeder diese Situation. Mehr oder weniger natürlich, aber jeder von uns hat Sümpfe trockenzulegen und zu füllen, damit die Mücken – die Sorgen und Qualen – dort nicht mehr zuhause sind.

Viel zu oft finden wir äußerliche Lösungen für unsere Probleme, anstatt zu versuchen, ihnen innerlich zu begegnen, um sie mit Licht zu bestrahlen. Man kann dies auch mit der Haltung einer Mutter vergleichen, die ein ungehorsames Kind zurechtweisen muss. Anstatt sich zu bemühen, die Gründe seines

Verhaltens zu begreifen – denn es gibt sicherlich etwas zu begreifen – gibt sie ihm ein paar Ohrfeigen, um Ruhe zu haben. Sie wendet so das einfachste Mittel an und das Kind bleibt weiterhin ungehorsam. Nun, man muss wissen, dass unsere Probleme in gewisser Weise auch unsere Kinder sind und dass – je nach der Art wie wir mit ihnen umgehen – es uns gelingt, sie zu lösen oder eben nicht.

Von dem Moment an, in dem wir auf die Erde herabgestiegen sind, kümmert sich das Leben darum, uns zu belehren. Es zwingt uns, die besten Formen zu finden, um uns zu manifestieren. Niemand kann den Gesetzen der Erde entkommen. Ihr sagt: »Und die hoch entwickelten Wesen, die Eingeweihten, die großen Meister?« Auch sie nicht. Sie sind durchdrungen von den Strömungen des Himmels, aber die Erde ist eine vollkommen andere Welt. Die Materie ist so dicht und so schwierig zu verarbeiten, dass sie auch für sie ein Hindernis darstellt. Oben, in den feinstofflichen Ebenen, ist die Materie biegsam und formbar: Sie unterwirft sich den geringsten Gedanken und Verlangen. Die Materie, in der wir leben, widersetzt sich dem jedoch äußerst heftig.

Indem die Kosmische Intelligenz uns auf die Erde geschickt hat, wo wir ständig Hindernisse zu überwinden und Prüfungen zu bestehen haben, gibt sie uns die Möglichkeit, uns hier in der Materie zu entfalten. Und wenn ihr angesichts der Schwierigkeiten denken könntet: »Es nützt nichts zu jammern. Ich werde studieren, wie diese Intelligenz arbeitet«, würdet ihr so staunen, dass ihr sie viel besser ertragen würdet. Dies ist eine neue Weise, die Dinge zu sehen, denn die verbreitetsten Reaktionen angesichts der Prüfungen sind Auflehnung, Wut und Niedergeschlagenheit.

Alle Kinder weinen bei der Geburt, aber sie weinen nicht alle auf die gleiche Weise. Einige lassen eine berührende Klage hören: Sie drücken die Sehnsucht nach der Region voll Licht, Freude und Frieden aus, die sie verlassen haben. Doch gleichzeitig sagen sie: »Möge Gottes Wille geschehen!«, und sie akzeptieren die Prüfungen, die auf sie warten, im Voraus. Viele andere hingegen weinen auf verzweifelte, tragische Weise und schreien vor Auflehnung, weil sie sich fühlen wie Tiere, die in der Falle gefangen wurden. Sie wissen schon, dass ihr Leben wie ein Gefängnis sein wird. Auf der Erde wird niemand ausgelassen, gerade weil es die Erde ist und man dort auf ganz bestimmte Bedingungen trifft. Man muss also die besten Methoden finden, um sich nicht von den Ereignissen erdrücken zu lassen, sondern sie im Gegenteil zu meistern und aus ihnen das Beste für unsere Entwicklung zu ziehen. Es begegnen uns mehr Schwierigkeiten auf der Mentalebene, als auf der Astralebene und ebenso mehr auf der Astralebene, als auf der physischen Ebene. Der Unterschied ist, dass die Hindernisse auf der physischen Ebene sichtbarer, greifbarer und offensichtlicher sind. Doch tatsächlich beginnt alles auf der Ebene der Gedanken und man muss folglich dort anfangen, die Probleme zu lösen, nicht auf der physischen Ebene, wo sie bereits konkretisiert sind. Es wird euch natürlich nicht sofort gelingen, eure Reaktionen den Dingen gegenüber, die euch geschehen, zu ändern. Am Anfang werdet ihr euch immer bedrängt, bekümmert und schockiert vorkommen. Ja, aber sobald ihr verstanden habt, dass diese Schwierigkeiten notwendig für das Lernen sind, fangt ihr euch viel schneller und besser wieder ein.

Beginnt also damit, euch niemals zu beschweren oder zu denken, dass das Schicksal gegen euch ist. Und bildet euch auch nicht ein, dass ihr mit einem leichten, glatten Leben glücklicher wärt. Nein, mit einem leichten und glatten Leben würdet ihr stagnieren, das ist alles. Wenn ihr fortschreiten und euch nützlich machen wollt, müsst ihr lernen, mit welcher Weisheit die Kosmische Intelligenz die Natur und den Menschen geschaffen hat, und ihr werdet sehen, welche Antworten sie euch gibt.

Nehmen wir an, ihr wollt einen Berg erklimmen. Könnt ihr den Gipfel erreichen, wenn die Steilwände glatt sind? Nein, ihr könnt euch nirgends festhalten und werdet abrutschen. Nur dank der Unebenheiten gelingt es euch, hochzukommen. Wie oft habe ich euch das schon gesagt! Die Kosmische Intelligenz hat überall im Universum Hinweise und Zeichen hinterlassen, um uns zu helfen, den Weg zu finden, um uns zu zeigen, wie wir vorankommen, wie wir arbeiten können. Doch diejenigen, die niemals gelernt haben, sie zu entziffern, entdecken nichts. Sie finden sich damit ab, zu unterliegen. Und warum haben sie nicht gelernt, diese Nachrichten zu entziffern? Weil sie von ihrem Verlangen benebelt sind, das zu erhalten, was ihnen passt und was ihnen gefällt. Sie wissen nicht, dass man, um ein besseres

Verständnis der Dinge zu erlangen, in seinem Kopf, in seinem Herzen, kein Verlangen und keine Begierden unterhalten darf, weil dieses Verlangen und diese Begierden einen fesseln. An dem Tag, an dem die Menschen das wahre Licht haben, werden sie verstehen, wie die Schwierigkeiten und Hindernisse, denen sie sowieso nicht entkommen können, ihnen helfen, voranzukommen und zu wachsen.

Wollt ihr noch mehr Beispiele? Nun gut, seht einmal: Wie kommt es, dass der Mensch sich auf der Erde leicht fortbewegen kann? Weil die Erde hart und widerstandsfähig ist. Versucht auf Treibsand voranzukommen. Ihr werdet zuerst langsamer und dann versinkt ihr. Und wie kommt es, dass die Schiffe auf dem Wasser vorankommen? Weil das Wasser Widerstand leistet. Natürlich leistet es nicht so viel Widerstand wie die Erde, aber trotz allem kommen die Schiffe dank des Widerstands der Flüssigkeit voran. Und es ist auch dank des Widerstands der Luft, dass die Flugzeuge sich erheben und am Himmel fliegen können.

Seht ihr, sei es auf der Erde, zu Wasser oder in der Luft, es ist nur dank des Widerstands möglich, sich fortzubewegen und voranzukommen. Das Gleiche gilt für den psychischen Bereich. An dem Tag, an dem ihr den Nutzen der Schwierigkeiten und Hindernisse begreift, werdet ihr dem Himmel danken, statt euch zu beschweren, indem ihr sagt: »Das ist eine wunderbare Möglichkeit, um voranzukommen« und ihr fühlt euch leichter, ihr lächelt und seid sogar stolz auf euch. Man muss bestimmte Gesetze kennen, um voranzukommen. Ihr sagt, man kann genauso gut nicht vorankommen.

Ja, natürlich, aber dann wird man zerquetscht und mit Füßen getreten. Denn voranzukommen und Fortschritte zu machen, ist das Gesetz des Lebens.

Wenn ihr die Kosmische Intelligenz weiter befragt, so wird sie euch noch das Schießpulver als Beispiel geben. Woher kommt die Kraft des Schießpulvers in den Kanonen? Daher, dass es komprimiert ist. Nun, wenn das Leben uns Begrenzungen auferlegt und uns in Schwierigkeiten festhält, konzentrieren wir genauso in uns wunderbare Kräfte, um die Widerstände zu überwinden. Ohne diese Schwierigkeiten würden wir nichts tun. Mit Glück überhäufte Menschen schlafen ein.

Manchmal spürt ihr das Verlangen, euch mit der Universalseele zu verschmelzen und ihr betrachtet die Unendlichkeit des Meeres und des Sternenhimmels. Ihr verschmelzt mit ihnen. Doch wenn ihr in diesem Zustand der Ausdehnung, des Verstreutseins bleibt, verwirklicht ihr nichts auf der Erde. Um zu handeln, muss man das Gesetz der Kondensierung, der Konzentration anwenden. Wir brauchen den großen Raum des Himmels oder des Meeres, um uns auszudehnen, doch einen sehr kleinen Raum, um uns zu konzentrieren, Kräfte zu sammeln und zu handeln. Diesen kleinen Raum finden wir in den Prüfungen.

Die Prüfungen halten uns in Schranken, und wir dürfen uns nicht darüber beschweren, sondern müssen vielmehr versuchen, den Sinn zu verstehen. Gegensätze, Widerstände und Hindernisse zwingen uns, uns innerlich zu sammeln und unsere Kräfte und Energien zu konzentrieren. Konzentration und Zerstreuung entsprechen zwei astrologischen Zeichen:

dem Löwen und dem Steinbock. Der Löwe ist ein nach außen gehendes Zeichen: Er sendet aus, er gibt aus. Der Steinbock ist dagegen ein nach innen gehendes Zeichen: Er sammelt an und kondensiert. Unter seinem Einfluss konzentriert die Erde im Dezember und Januar die Energien in den Wurzeln der Bäume, um die Explosion der Monate Juli und August vorzubereiten: die Fülle der Früchte unter dem Einfluss des Löwen.

Das Leben setzt uns einem großen Druck aus, damit wir Kräfte und Energien sammeln und kondensieren. Was könnten wir in der Zerstreuung schon tun? Wenn wir uns dagegen vor einem Hindernis konzentrieren, innerlich sammeln und ein wenig Anlauf nehmen... dann springen wir! Die Hindernisse widersetzen sich uns nur zum Schein. Sie sind dazu da, dass wir sie überwinden und stärker werden.

Ihr sagt: »Aber ich brauche Raum und Freiheit!« Ja, gut – ich auch –, aber Raum und Freiheit, der wahre Raum und die wahre Freiheit, werden uns nur nach viel Druck und Zwang gegeben. Während wir auf der physischen und astralen Ebene zusammengedrückt werden, freut sich unser Geist. Er jubelt, weil er endlich seine Macht über die Materie ausüben kann.

Wir sind auf der Erde und die Erde ist nicht das Schlaraffenland, wie man das Paradies nennt. Wir werden hier hart behandelt. Wir müssen die Arbeit beginnen, sonst stellen wir uns weiterhin Fragen, ohne eine Antwort zu bekommen. Im gegenwärtigen Zustand der Menschheit kann niemand die Prüfungen vermeiden. Sie sind Teil der Evolution. Sie sind verschieden, je nach den Personen, ihrem Alter, ihren Lebensbedingungen, ihrem Entwicklungsgrad, aber niemand kann ihnen entkommen. Das Kind und der Erwachsene, der Schüler und der Lehrer, der Arme und der Reiche, der einfache Bürger und der Führende, alle haben Prüfungen zu bestehen, denn es gibt für jeden etwas zu verstehen. Diejenigen, denen es gelingt, schwierige Zeiten zu durchschreiten, in denen wirklich nichts gelingt, in denen sie geplagt und überlastet sind, gewinnen dadurch unendlich mehr, als wenn sie von einem Erfolg zum anderen gehen würden. Doch dazu darf man nicht nur die negative Seite der Situation sehen, sonst vergiftet man sich, quält sich, verhärtet sich, glaubt an nichts mehr und wird sogar boshaft und grausam. Sobald ihr auf eine Schwierigkeit, eine Prüfung trefft, konzentriert euch, denkt nach und betet, um schließlich die Mittel, die Energie und vor allem das Licht zu finden. Anstatt euch zu beschweren und euch überwältigen zu lassen, sagt euch: »Dies ist ein guter Zeitpunkt, um in mir etwas Solides, Unerschütterliches zu erschaffen.« Und wartet nicht einmal bis ihr in großen Schwierigkeiten seid, um diesen Entschluss zu fassen. Jeden Tag, bei jeder kleinen Enttäuschung, bei jeder kleinen Verletzung eurer Eigenliebe müsst ihr wachsam sein. Anstatt euch zu sagen: »Warum passiert mir so etwas? Ich habe nicht verdient, so behandelt zu werden!«, ergreift diese Gelegenheit, um zu arbeiten. Lasst diese Chance nicht vorbeigehen und erinnert euch an die Lektionen der Kosmischen Intelligenz.

Meister Peter Danov hat gesagt: »Die Leiden sind für den Menschen wie die natürlichsten

Wachstumsbedingungen für die Pflanzen. Die leidende Seele entwickelt Blüten, die sich eines Tages in Früchte verwandeln. Eine Seele, die nicht leidet, bleibt eine geschlossene Knospe... Ernähre also deine Seele mit den reifen Früchten des Lebens und du wirst die Freiheit erobern.« Was bedeutet dies?

Im Leben haben wir die Wahl zwischen zwei Haltungen: derjenigen der Faulen, die sich damit begnügen, sich in Sicherheit zu bringen, um dahinzudämmern, zu stagnieren und derjenigen der wachen und mutigen Wesen, die sich trotz aller Schwierigkeiten entschlossen haben, im Licht zu wachsen. Genau wie die Pflanzen: Da sie am Boden festgewachsen sind, müssen sie die Hitze, die Kälte, den Wind und die Unwetter ertragen... Das sind sicherlich schwierige Bedingungen, aber trotzdem wachsen und blühen die Pflanzen. Und wie schön sind ihre Farben und wie angenehm sind ihre Düfte!

Der geistige Mensch ist, symbolisch gesprochen, den gleichen schwierigen Bedingungen ausgesetzt wie die Pflanzen. Und trotz allem sind diese Bedingungen denen vorzuziehen, die der Faule wählt, der geschützt in seinem »Kornspeicher« bleibt. Im Kornspeicher werden die Samen natürlich nicht der Witterung ausgesetzt, aber es gibt für sie viel größere Gefahren: zu verschimmeln, von Mäusen oder Würmern gefressen zu werden und vor allem, zu nichts Gutem zu dienen. Unnütz zu sein, ist jedoch das schlimmste Schicksal! In den Boden des spirituellen Lebens eingepflanzt, stößt er zwar gegen Hindernisse, doch er ist zumindest auf dem guten Weg: Er wächst, er verteidigt sich und erschafft.

Für den Schüler ist es, ebenso wie für das Samenkorn, besser zu leiden und der Witterung ausgesetzt zu sein, als in einem Kornspeicher zu stagnieren, wo ihn früher oder später das Leben verlässt. Denn man darf sich nicht einbilden, dass man sein Leben bewahrt, wenn man es so schützt, ganz im Gegenteil.[3] Das Leben nimmt bei dem Nichts-Tuenden ganz von selbst ab. Probiert es aus, sät Samenkörner aus, die ihr sehr lange aufgehoben habt. Sie werden nicht keimen, denn das Leben ist aus ihnen entwichen.

Wir müssen die Samenkörner, die in uns angesammelt sind, aussäen ohne zu zögern, sonst verlieren sie all ihre Eigenschaften. So viele Leute häufen alle möglichen Kenntnisse in ihrem Kornspeicher – ihrem Kopf – an, die sie untätig, passiv und unnütz verschimmeln oder vertrocknen lassen! Es ist gut, Wissen anzuhäufen, aber nur wenn man es aussät, das heißt in die Tat umsetzt, um es wachsen und Früchte tragen zu lassen. Und wir können die Dinge nur wachsen und Frucht bringen lassen, indem wir sie im Leben erproben.

Um voranzukommen, zu wachsen und sich zu stärken, ist es notwendig, den Schwierigkeiten begegnen zu können. Diejenigen, welche die Leichtigkeit suchen, aus Angst zu leiden, werden noch größere Schwierigkeiten antreffen und trotzdem nicht das Leiden vermeiden, denn sie verschwenden ihr eigenes Leben.

Denkt nach über das lange Abenteuer des Weizenkorns, das vorher nicht zu dem Brot wird, welches die Nahrung der Menschen ist. Es wird in die Erde, in die Dunkelheit und Kälte gesetzt, und es stirbt, während es einen neuen Keim hervorbringt. Wenn dieser Keim aus der Erde sprießt, entdeckt er die Luft, das Licht und wird zu einer schönen Ähre. Doch dann kommt die Erntezeit. Die Ähren werden abgemäht und gedroschen, denn die Körner müssen vom Halm getrennt werden. Und auch dort hört das Leiden nicht auf, denn das Korn wird zur Mühle gebracht und zu Mehl gemahlen. Eines Tages mischt der Bäcker das Mehl mit Wasser und knetet es zu einem glatten Teig. Dann formt er den Teig zu Brot und es kommt die Feuerprobe: Das Brot kommt in den Ofen. Sobald es gut gebacken und goldgelb ist, wird es zu Tisch gebracht und den Zähnen der Menschen ausgeliefert. Was für ein Leiden! Und trotzdem ist das Weizenkorn glücklich. Warum? Weil es als Nahrung dient.

Übertragen wir nun dieses Abenteuer des Weizenkorns. Warum betrifft es uns? Jeder seiner Verwandlungsschritte hat seine Entsprechung in unserem inneren Leben. All diese Prüfungen dienen dazu, uns wachsen, reifen, »backen« zu lassen, bis wir zur Tafel des Herrn gelangen, um von Ihm »gegessen« und »eingeatmet« zu werden.[4] Denn auch Düfte sind Nahrung. Bevor ihr eine Frucht esst, versucht zunächst ihren Duft einzuatmen. Dieser Duft genügt euch zumindest für einen Moment. Ihr spürt nicht sofort das Verlangen, sie zu essen.

Es kommt vor, dass unter dem Einfluss eines zu großen Leidens ein Mensch von sich selbst losgelöst wird und eine Art Ekstase erlebt. Denn das Leiden kann an seinem Höhepunkt die reinste Freude erzeugen. Das extreme Leiden berührt die Ekstase, und diese Ekstase ist umso intensiver, je größer die Leiden sind. Die Märtyrer haben diese Ekstase kennengelernt, die von ihren Leiden herrührte. Doch diejenigen, die fähig sind, diesen Zustand der Loslösung von sich selbst zu erreichen, sind selten.

Zu wissen, wie man leiden soll, ist eine der größten Wissenschaften, die existieren. Richtig leiden zu können, ist eine der höchsten Ausdrucksformen der Liebe. In diesem Leiden bereitet die Seele ein so köstliches Parfum, dass der Herr und die Engel sich daran ergötzen. Die gottergebenen Leiden der Märtyrer sowie der verurteilten und verfolgten Heiligen haben wirklich einen Duft ausgeströmt. Und derjenige, der leidet, weil er sich den anderen widmet, sich für sie aufopfert, um sie zu erleuchten und vom Bösen zu bewahren, so wie Jesus es tat, dieses Leiden, welches aus Liebe angenommen wurde, verströmt den feinsten Duft.

Akzeptiert diese Wahrheit, setzt sie in die Tat um und ihr besitzt eine Widerstandskraft ohnegleichen. Fangt also an, nicht mehr bei der kleinsten Enttäuschung oder Prüfung aufzuschreien. Nehmt sie bewusst an, bewahrt Stillschweigen und ihr werdet aus diesem Leid eine Freude gewinnen.

Wenn der Herr für uns Nahrung ist, so sind auch wir Nahrung für Ihn. Und wir sind auch eine Nahrung für all die Wesen, die uns umgeben. Unsere Qualitäten und Tugenden nähren ihren Verstand, ihr Herz, ihre Seele und ihren Geist.

Anmerkungen

1. Siehe Band 238 der Reihe Izvor »Der Glaube versetzt Berge«, Kapitel 11: »Gott ist das Leben«.
2. Siehe Band 216 der Reihe Izvor »Geheimnisse aus dem Buch der Natur«, Kapitel 3: »Quelle und Sumpf«.
3. Siehe Band 240 der Reihe Izvor »Söhne und Töchter Gottes«, Kapitel 3: »Wer sein Leben retten will, wird es verlieren«.
4. Siehe Band 241 der Reihe Izvor »Der Stein der Weisen – Von den Evangelien zur Alchimie«, Kapitel 4: »Wenn das Salz seinen Geschmack verliert...«.

Kapitel 6

»Wie ein Fisch im Wasser«

»Sich wie ein Fisch im Wasser fühlen«... Ihr kennt diese Redewendung. Sie bedeutet, dass man sein Element gefunden hat. Außerhalb des Wassers leidet, zappelt und erstickt der Fisch, weil seine Atmung nur im Wasser funktioniert, nicht in der Luft.

Wie viele Menschen sind wie Fische, die man aus dem Wasser geholt hat! Sie fühlen sich unwohl und fremd in ihrer Umgebung. Sobald sie können, verlassen sie also ihre Familie, wandern in ein anderes Land aus oder leben vollkommen am Rande der Gesellschaft. Doch es ist nicht immer möglich, seine Familie, sein Land oder die Gesellschaft zu verlassen, und so bleiben die meisten Menschen in Bedingungen, unter denen sie keine Luft bekommen.

Nehmen wir nur den beruflichen Bereich. Derjenige, der gerne sein Philosophiestudium abgeschlossen hätte, arbeitet in einer Küche; derjenige, der in sich eine künstlerische Begabung sieht, wird schließlich Buchhalter oder Notar; derjenige, der frische Luft braucht, ist die ganze Woche über in einem Laden oder Büro eingeschlossen... Nun, ihr kennt dieses Thema besser als ich. Doch auch ich kenne dies ein wenig, denn es gibt Leute, die sich so fehl an ihrem Platz fühlen und nicht wissen, für was sie bestimmt sind, und es kommt vor, dass sie mich um Rat fragen.

In Wahrheit stellt sich den Menschen nicht nur die Frage nach dem Platz, den sie physisch oder sozial einnehmen. Nicht nur ihr Herz und ihr Verstand, sondern auch ihre Seele und ihr Geist müssen an diesem Platz gute Bedingungen vorfinden, damit sie sich entfalten können. Wie sehr ist dem Schein nach die Situation eines Königs in seinem Palast zu beneiden! Doch wenn er keine Lust hat, sich die Berichte seiner Minister über die Lage seines Reiches anzuhören, wenn der Empfang von Botschaftern anderer Länder ihn langweilt und wenn er sich nur für die Jagd und die Blumen und Bäume in seinem prachtvollen Garten interessiert, ist er unglücklich. Man sagt, dass es der Lieblingszeitvertreib von König Ludwig XVI. war, Schlösser zu bauen.

Das erinnert mich an ein kleines bulgarisches Märchen. Eines Tages begegnete ein Prinz, als er sein Reich durchschritt, einer Zigeunerin, die am Wegesrand bettelte. Sie war in Lumpen gekleidet und trug über der Schulter einen langen Stab, an dem ein noch längerer Sack hing. Trotz ihrer Lumpen sah der Prinz, dass sie sehr schön war, verliebte sich in sie und heiratete sie. Natürlich hoben der Samt, die Seide, die Perlen und die Edelsteine, mit denen sie von nun an geschmückt wurde, ihre Schönheit noch mehr hervor. Doch bald bemerkte der Prinz etwas Seltsames: Von Zeit zu Zeit verschwand die Prinzessin. »Aber wo geht sie hin? Was macht sie?«, fragte er sich.

Eines Tages entschloss er sich, dieses Rätsel zu lösen und folgte ihr, ohne dass sie es bemerkte. Er sah, wie sie entkleidet die Tür zu einem Zimmer in ihrer Wohnung öffnete und sich darin einschloss. Er wartete einen Moment, und, sich vor Neugier verzehrend, blickte er durch das Schlüsselloch. Und was sah er dort? Die Prinzessin hatte ihr Gesicht mit Ruß beschmiert und ihre prächtigen Kleider durch ihre alten Lumpen ersetzt. Sie trug ihren Sack auf der Schulter und lief mit großen Schritten umher, während sie ihren Stab vor sich her schwang, um eine Meute imaginärer Hunde vor sich herzuscheuchen. Sie musste von Zeit zu Zeit wieder das Aussehen einer Zigeunerin annehmen, um ihr Leben als erfüllte Frau zu ertragen.

Und nun eine wahre Geschichte. In meiner Jugend, in Bulgarien, wohnte ich in der Stadt Varna. Am Eingang der Kirche hielt sich gewöhnlich ein alter Bettler auf. Zusammen mit einem Freund unterhielt ich mich von Zeit zu Zeit mit ihm. Er erzählte uns viele schöne Dinge, weshalb wir, trotz der Unsauberkeit, seinen Haaren und dem struppigen Bart, Vergnügen daran fanden, ihm zuzuhören. Eines Tages sagten wir uns, dass wir diesen netten Mann nicht in einer so bedauerlichen Lage lassen konnten. Wir mussten etwas für ihn tun.

Ich kannte eine Frau, die dank ihrer Position Einfluss in der Verwaltung hatte. Sie hatte, unter anderem, Bücher des französischen Astronomen

Camille Flammarion auf Bulgarisch übersetzt. Ich ging also mit meinem Freund zu ihr, um ihr den Fall zu schildern. Sie versprach, etwas zu tun, und so war der Bettler bald sauber und gut gekleidet in einem Heim in der Stadt untergebracht, wo es an nichts mehr mangelte. So zufrieden wir waren, so groß war unsere Überraschung, als wir eines Tages erfuhren, dass er aus dem Heim entkommen war, um wieder vor der Kirche zu betteln! Welch eine Lektion für uns! Oh ja, der Platz... An welchem Ort fühlen sich die Menschen an Ihrem Platz...

Doch obwohl man an diesem oder jenem Platz leidet, hat man nicht immer die Möglichkeit oder das Recht, das zu ändern. Es sind die Gesetze des Karmas, die Gesetze des Schicksals, die über den Platz eines jeden entscheiden, weil es der ist, den er verdient hat oder weil er der vorteilhafteste für seine Entwicklung ist. Wenn er den Platz wechselt, weil der ihm angenehmer und beneidenswerter erscheint, verschlimmert er seine Situation. Derjenige, der sich durch seine Intrigen eines Platzes bemächtigt, der für jemand Würdigeren als er vorgesehen war, wird ihn auf die eine oder andere Weise verlassen müssen. Wer bescheiden im Schatten bleibt, kann zu den höchsten Aufgaben berufen werden.

Manchmal, im Theater, setzt sich ein ungenierter Zuschauer einfach in die erste Reihe, in der Hoffnung, dass niemand ihn dort vertreiben wird. Doch plötzlich nähert sich eine Platzanweiserin, fragt ihn nach seiner Karte und schickt ihn zu den billigsten Plätzen. Derjenige, der den teuren Platz reserviert hatte, bekommt seinen richtigen Platz. Das Gleiche passiert im Leben. Wenn jemand momentan den Platz belegt, der euch zusteht, beunruhigt euch nicht, die »Platzanweiserin« wird kommen und den »Thronräuber« verscheuchen. Ja, in diesem großen Theater des Lebens erhält jeder eine Nummer, die seinem Platz entspricht, und es steht ihm zu, diese Nummer zu finden und zu interpretieren.

Wie der Fisch im Wasser, der Maulwurf unter der Erde, der Vogel in der Luft und der Salamander (so sagt man) im Feuer, muss jedes Wesen seinen Platz finden. Und was ist der Platz des Menschen? Das gesamte Universum. Und in diesem Universum haben die verschiedenen Organismen, aus denen es besteht, eine Verbindung mit den vier Elementen: der physische Körper mit der Erde, das Herz mit dem Wasser, der Verstand mit der Luft, Seele und Geist mit dem Feuer.

Seinen Platz in einer Familie, einem Land oder einem Beruf zu finden, reicht nicht aus. Wenn das Herz, der Verstand, die Seele und der Geist nicht auch ihren Platz finden, an dem sie die Nahrung bekommen, die sie brauchen, wird der Mensch immer unzufrieden sein. Das Herz braucht Wärme und Liebe, der Verstand braucht Licht und Weisheit, die Seele braucht Unendlichkeit und der Geist Ewigkeit. Doch unter dem Druck von bestimmten Umständen kann es passieren, dass euer Herz abgekühlt, euer Verstand verfinstert, eure Seele eingeengt und euer Geist gelähmt ist. Dann gibt es keine andere Lösung, als sich an einen anderen Ort zu versetzen, um jeder eurer Fähigkeiten die Bedingungen zu geben, die sie braucht, um sich zu entfalten, und diese »Versetzung« nennt sich Nachdenken, Meditation, Gebet, Kontemplation und Identifikation.[1]

Sich an einen anderen Ort zu versetzen ist natürlich etwas, das viele Leute spontan tun. Wenn sie genervt sind oder dabei sind, die Geduld zu verlieren, verlassen sie ihr zu Hause und sagen, dass sie »einen Spaziergang machen« oder »frische Luft schnappen«. Andere machen, wenn sie es können, eine Reise, um das Klima zu wechseln. Manchmal genügt es, ein Glas Wasser zu trinken oder eine Frucht zu essen, um seinen inneren Zustand zu verändern. Doch wie viele stürzen sich lieber auf eine Schachtel Aspirin oder ein Glas Alkohol!

Sicher, es gibt Ereignisse im Leben, die euch in Aufregung oder Leiden stürzen, die man unmöglich schnell überwinden kann. Doch wie oft lasst ihr euch von Unannehmlichkeiten, die nicht schwer sind und die ihr leicht vergessen könntet, stören oder niederdrücken! Es kommt auch vor, dass ihr nicht genau wisst, warum ihr euch unwohl fühlt und bekümmert seid, und ihr müsst alles tun, um euch von diesen Zuständen zu befreien, die dann eure Laune und euer Verhalten beeinflussen. Sich an einen anderen Ort zu versetzen, kann dann einfach darin bestehen, euch bewusst die Hände zu waschen, indem ihr euch auf ein Wort konzentriert: Licht... Harmonie... Schönheit... Liebe... Geht anschließend mit euren Händen über euren Kopf und eure Ohren, und wascht sie von Neuem. Wiederholt dies mehrere Male, wenn nötig. Ihr werdet euch erleichtert fühlen, denn alles, was auf euch lastete, entschwindet durch eure Fingerspitzen.[2]

Und so sehr man lernen muss, sich an einen anderen Ort zu versetzen, so sehr muss man auch lernen, sich nicht zu rühren. Wenn ihr euch von himmlischen Strömungen durchströmt und von Freunden aus der göttlichen Welt besucht fühlt, was auch in jedem Augenblick passieren kann, versucht für einen Moment innezuhalten, um euch von diesen Strömungen und dieser Gegenwart durchdringen zu lassen.

Ihr versteht jetzt, wie weitreichend diese Frage des Ortes ist, denn sie beschränkt sich nicht nur auf den sozialen Bereich, sondern umfasst das gesamte Leben. Solange die Menschen ihren Platz nicht finden, sind sie wie Samenkörner, die darauf warten, ausgesät zu werden. Und ihr Platz ist ein fruchtbarer Boden, in dem sie wachsen können. Wie viele ähneln noch Samenkörnern, die im Kornspeicher gelagert sind! Solange sie nicht eingepflanzt werden, keimen sie nicht, und sie finden keinerlei Sinn in ihrem Leben. Das eingepflanzte Samenkorn wächst, gibt Früchte und sagt: »Endlich habe ich meinen Platz gefunden!« Denn sein Platz war nicht im Kornspeicher, um dort zu vertrocknen und den Mäusen und Würmern als Nahrung zu dienen, sondern in der fruchtbaren Erde der spirituellen Welt.

Wenn ihr den Platz für euer Herz, euren Verstand, eure Seele und euren Geist gefunden habt, seid ihr an eurem wahren Platz. Von da an werdet ihr euch an eurem Platz fühlen, wo auch immer ihr seid und wie auch immer eure materielle oder soziale Situation aussieht. Ein Symbol kann euch helfen. Neben anderen Themen habe ich euch oft von diesem Symbol erzählt: der Kreis mit dem Mittelpunkt.[3] Der Kreis stellt die Weite, den unendlichen Raum dar und der Mittelpunkt den Geist. Der Punkt ist winzig, aber dank der Intensität seiner Schwingungen ist er gleichzeitig überall in der Weite gegenwärtig, die er beseelt und belebt. Das Sonnensystem kann durch dieses Symbol dargestellt werden, genau wie am anderen Ende der Skala die Zelle. Die ganze Schöpfung ist also so in diesem Symbol enthalten.

Auch ihr müsst diese Struktur in euch einführen: den Kreis mit seinem Mittelpunkt. Ihr könnt eure innere Welt nur meistern, indem ihr versucht, euch mit eurem Geist zu identifizieren, der als einzige stabile, unbewegliche, unzerstörbare Realität im Zentrum ist. Konzentriert euch auf diesen Punkt. Nach und nach werdet ihr spüren, dass ihr in alle Richtungen des Raumes strahlt, und ihr formt um euch eine reine und mächtige Aura, welche die Gegenwart von himmlischen Wesenheiten anzieht.

Nur derjenige, dem es gelingt, um sich einen Lichtkreis zu schaffen, hat wirklich seinen Platz gefunden. Dank dieses Kreises, der ihn umgibt, profitiert er, wo auch immer er hingeht, von den besten Bedingungen, um zu arbeiten und zu erschaffen. Sobald wir das Zentrum verlassen, ist es, als ob diese spirituelle Haut einreißt und die kleinste Unannehmlichkeit lässt uns das Gleichgewicht verlieren und nimmt uns unseren Frieden. Nur das Zentrum, unser Geist, ist unser wahrer Platz.

Anmerkungen

1. Siehe Band 17 der Reihe Gesamtwerke »Erkenne Dich selbst – Jnani-Yoga«, Kapitel 2: »Die synoptische Tafel« und Band 18 der Reihe Gesamtwerke »Erkenne Dich selbst – Jnani-Yoga«, Kapitel 6: »Konzentration – Meditation – Kontemplation – Identifikation« und Kapitel 7: »Das Gebet«.
2. Siehe Band 232 der Reihe Izvor »Feuer und Wasser – Wunderkräfte der Schöpfung«, Kapitel 15: »Das Wasser, Medium universalis«.
3. Siehe Band 218 der Reihe Izvor »Die geometrischen Figuren und ihre Sprache«, Kapitel 2: »Der Kreis«.

Kapitel 7

Gegenüber himmlischen Wesenheiten eingegangene Verpflichtungen

Es gibt Seelen, die, sobald sie einen gewissen Entwicklungsgrad erreicht haben, einen Vertrag unterschreiben: Sie verpflichten sich gegenüber himmlischen Wesenheiten, eine Mission zu erfüllen. Sie versprechen, die Fähigkeiten und Tugenden zu entwickeln, die sie bereits besitzen, um den Menschen zu helfen und sie aufzuklären. Egal in welcher Form dieses Versprechen gemacht wird, es kann so zusammengefasst werden: seine spirituellen und materiellen Qualitäten und Möglichkeiten in den Dienst anderer zu stellen.

Da die Inkarnation einer Seele ein Herabsteigen in die Materie ist, währenddessen sie vergisst, was sie oben erlebt hat, ist sie sich dieser eingegangenen Verpflichtung kaum noch bewusst. Doch später, im Laufe der Zeit, spürt sie in sich, zunächst nur flüchtig und dann immer deutlicher, Empfindungen, Eindrücke, Gedanken und ein Streben von besonderer Natur. Dies äußert sich durch die Neigung, diese Beschäftigung oder jenen Beruf auszuüben. Das ist es, was man eine Berufung nennt. So fühlen einige

Menschen, dass sie einer Art Ruf folgen müssen, und es ist ihnen unmöglich, diesem nicht auf die eine oder andere Art zu folgen. Sie haben die Gewissheit, dass von ihrer eingeschlagenen Richtung nicht nur ihre eigene Entfaltung und der Sinn ihres Lebens abhängen wird, sondern auch das Schicksal von vielen anderen Menschen.

Diejenigen, die das Gefühl haben, eine Mission zu erfüllen, dürfen nicht zögern: Da sie den himmlischen Wesenheiten versprochen haben, hier unten einige Samen auszusäen und Spuren zu hinterlassen, damit andere von ihrem Aufenthalt auf der Erde profitieren, müssen sie ihr Versprechen halten. Diese Wesen können sich in verschiedenen Bereichen auszeichnen: in der Philosophie, der Kunst, der Politik. Aber in jedem Fall haben sie eine Mission für ihre Mitmenschen zu erfüllen. Selbst wenn sie sich nicht ausdrücklich bewusst sind, dass sie eine Mission ausführen, die sie zuvor angenommen haben, bewirkt der Himmel, dass sie sich genau dort in ihrem Element fühlen. Egal, welchen Schwierigkeiten sie auch immer auf ihrem Weg begegnen.

Natürlich besteht immer die Möglichkeit, dass sie von ihrem Weg abweichen und bestimmten Versuchungen nachgeben, bis nichts mehr in ihnen übrig bleibt, das sie an ihre Versprechen erinnern könnte. Es hat in der Vergangenheit sehr hohe Geister und Eingeweihte gegeben, die ihre Mission vergessen haben, um sich in einem anderen Weg zu verlieren. Das ist eine der Schwierigkeiten des spirituellen Lebens: sich zumindest verschwommen des Versprechens zu erinnern und alles ans Werk zu setzen, um es zu erfüllen, indem man die Personen und Situationen erkennt, die Gefahren bergen. Denn auf dem Weg der höchstentwickelten Wesen warten alle möglichen Fallen.

Dies ist der Sinn der Stelle in der Bibel, die berichtet, wie der Teufel kam, um Jesus zu versuchen, indem er ihm alle Vorzüge und Befriedigungen der Erde zeigte. Diese Erzählung ist natürlich symbolisch. Wie könnte man glauben, dass solche Versuchungen während eines kurzen Gespräches mit dem Teufel besiegt worden sein könnten? Dieses Gespräch zeigt die unzähligen Gefechte, die selbst ein Eingeweihter, ein großer Meister gegen all die finsteren Wesenheiten, die sich in ihm, seinem physischen Körper, seinem Astral- und Mentalkörper niedergelassen haben, führen muss, um sie auszutreiben. Nur unter dieser Bedingung kann er wirklich seine Mission erfüllen.

Ihr sagt: »Aber haben nicht alle Seelen, die auf die Erde herabsteigen, eine Mission zu erfüllen? Kommen einige ohne besondere Bestimmung auf die Welt?« Man muss verstehen, dass alle menschlichen Wesen Söhne und Töchter Gottes[1] sind, und dies bindet sie an bestimmte Verpflichtungen. Doch nicht alle Seelen sind an den gleichen Entwicklungsgrad gelangt, viele sind noch schwach und unerfahren. Sie kommen, um zu lernen, sich zu vervollkommnen. Dies ist zunächst ihre einzig wahre Aufgabe, und man kann ihnen keine große Verantwortung übertragen. Einen Vertrag mit dem Himmel zu unterzeichnen, setzt voraus, dass man weiß, womit man es zu tun haben wird und dass man frei ist, die Aufgabe zu erfüllen. Doch die meisten Seelen sind es nicht, und wenn sie auf die Erde herabsteigen müssen, fragt man sie nicht nach der Familie, der Gesellschaft oder dem Land, in dem sie sich gerne inkarnieren möchten. Das Schicksal platziert sie dorthin, wo sie es nach dem Gesetz der Gerechtigkeit verdient haben.

Ihr glaubt, dass diese Art, die Seelen zu behandeln, grausam ist und dass Gott, der sie geschaffen hat, großzügiger sein müsste? Die göttliche Gerechtigkeit wird euch antworten, dass sie sie dort platziert hat, wo sie hingehören und dass sie, wenn sie gelernt haben, was sie lernen mussten, in einer anderen Inkarnation anders behandelt werden.[2] Fragen die Eltern ihr kleines Kind, was sie mit ihm machen sollen? Nein, sie ernähren es, waschen es, ziehen es an, schicken es zur Schule oder nehmen es mit in den Urlaub, ohne es nach seiner Meinung zu fragen. Sie warten, bis es größer wird, bevor sie es fragen, was es denkt und wünscht und darauf eingehen.

Sehr entwickelte Seelen haben eine gewisse Freiheit, die sie durch ihre Arbeit während mehrerer Inkarnationen erworben haben. Eine Seele kann also eine Mission, die man ihr vorschlägt, annehmen oder ablehnen. Man fragt sie zum Beispiel: »Akzeptierst du es, um diesem oder jenem Volk zu helfen, dich in diesem Land zu inkarnieren, wo du unter schwierigen Bedingungen leben musst und dich große Leiden erwarten?« Und man zeigt ihr diese Bedingungen, die oft Armut, Hunger, Unfreiheit oder Gewalt sind, denn diese Seele muss die Lebensbedingungen mit allen anderen teilen. Selbst wenn derjenige oder diejenige, die diese Verpflichtung annehmen, innerlich ein Prinz oder eine Prinzessin sind, reserviert man ihnen keinen bevorzugten Status.

Die so befragte Seele sieht sich also die Situation an, und nimmt sie an oder lehnt sie ab, nachdem sie die Schwierigkeiten gesehen hat, denen sie begegnen muss. Wenn sie annimmt, wird sie wie ein Botschafter mit einer Mission betraut. In einem Land kommt es auch vor, dass man sehr fähigen Männern oder Frauen diesen oder jenen verantwortungsvollen Posten vorschlägt, der Schwierigkeiten oder gar Gefahren birgt, und sie sind frei, ihn anzunehmen oder nicht. Ein kleiner Beamter dagegen ist verpflichtet, den Posten anzunehmen, den man ihm zuteilt, auch wenn es ihm nicht gefällt.

Diejenigen, die sich, obwohl sie eine Mission angenommen haben, anschließend auf Irrwege führen lassen, können nur leiden, weil sie sich in Regionen umhertreiben, in denen sie nicht das finden können, wonach ihr inneres Wesen sich sehnt. Ihr sagt, dass andere sich dort wohlfühlen... Ja, natürlich, denn diese Regionen entsprechen ihrem Entwicklungsgrad. Doch die Wesen, die dazu bestimmt waren, in höheren Regionen zu leben und zu arbeiten, wo ihnen nichts mangelte, um ihre Aufgabe zu erfüllen, müssen, wenn sie diese verlassen, durch große Qualen gehen.

Da sie bereits ihre Freiheit erlangt haben, erhalten diejenigen, die man so mit einer speziellen Mission betraut, mehr Macht, und sie verfügen über große Mittel. Natürlich begegnen sie Hindernissen, werden Angriffen ausgesetzt und leiden. Doch sie werden nicht alleine und ohne Hilfe gelassen, denn sie sind mit den Autoritäten verbunden, die sie repräsentieren und bekommen Informationen, Hilfe und Unterstützung. Ein Staat sendet keinen Botschafter ohne Unterkunft, Versorgung und qualifiziertes Personal aus. Und da die Leiden und Schwierigkeiten, die diesen Botschaftern des Himmels begegnen, von außen kommen und nicht von ihnen selbst, haben sie in ihrer Seele und ihrem Geist Kräfte, die sich ihnen sofort zu Diensten stellen, wenn sie diese rufen. Dies gilt für die meisten Menschen nicht. Nicht, dass ihnen diese inneren Möglichkeiten fehlen, sie besitzen sie, aber sie haben sie verrosten lassen.

Und ihr, wenn ihr dem Himmel gegenüber etwas versprochen habt, bevor ihr euch inkarniert habt, so freut euch. Doch begnügt euch nicht damit, euch zu freuen, denn dies bedeutet auch große Verpflichtungen. Es sind euch viele Möglichkeiten gegeben, damit ihr arbeiten könnt, aber wenn ihr eure Mission nicht erfüllt, wird der Himmel euch zur Rechenschaft ziehen. Von dem, der viel besitzt, fordert man viel.

Selbst wenn ihr euch nicht genau erinnern könnt, dass ihr etwas versprochen habt, bleibt davon immer etwas in Form von hohem Streben und psychischen Veranlagungen in euch zurück. Dies sind Gaben, die ihr erhalten habt, und wenn ihr euch nicht bewusst seid, dass ihr beim Erhalt versprochen habt, sie für eure eigene Vervollkommnung und das Wohl aller zu nutzen, ist es sehr schlimm. Man wird euch streng zur Rechenschaft ziehen, ja, strenger als diejenigen, die nichts versprochen haben. Ohne Zweifel wird ihr Leben auch Schwierigkeiten und Entbehrungen bereithalten, aber sie passen zu den Bedingungen, die ihnen ihre Inkarnation auferlegt. Diejenigen hingegen, die sich in fremden Regionen vergnügen, weil ihre Seele das Verlangen danach hat, müssen umso mehr leiden, da sie brutal von einem Extrem ins andere fallen. Wenn sie ihre Mission erfüllen, erleben sie eine große Freude, doch sobald sie sich abwenden, fallen sie in schmerzvolle Abgründe.

Während die gewöhnlichen Leute ohne Unterlass Gesetze übertreten, ohne darüber beunruhigt zu sein – da sie an die dichte Atmosphäre gewöhnt sind, in der sie leben – finden diejenigen, die eine hohe Mission zu erfüllen haben, keine Ruhe mehr, wenn sie auch nur ein wenig die Gesetze der Gerechtigkeit, der Liebe und der Selbstlosigkeit übertreten. Von dem schwierigen und schwindelerregend hohen Gelände, auf dem sie sich bewegen, kann ein Fall hart sein. Deshalb müssen sie wachsamer werden und Vorkehrungen treffen. Wenn auch die auf sie wartenden Belohnungen groß sind, so sind die Strafen bei Misslingen schrecklich.

Wie könnt ihr wissen, ob ihr fähig seid, ein gegebenes Versprechen zu halten? Sobald ihr auf die Erde herabgestiegen seid, könnt ihr es nicht mehr wissen. Bevor ihr aber herabgestiegen seid – als man euch diese Aufgabe und die Bedingungen, die ihr zu erfüllen habt, vorgeschlagen hat – wurden euch alle Einzelheiten gezeigt, damit ihr unter Kenntnis des Sachverhalts entscheiden konntet. Man verlangt nie etwas von euch, das eure Fähigkeiten übersteigt. Wenn ein Schüler geprüft wird, so stellt man ihm Fragen, die seinem Niveau entsprechen und nicht einem höheren oder niedrigeren Niveau. Diese Fragen standen während des Schuljahres auf dem Programm. Genauso kennen die himmlischen Wesenheiten, die euch eine Mission vorschlagen, eure Möglichkeiten. Sie verlangen von euch nicht, Probleme zu lösen oder Situationen zu begegnen, die euch übersteigen. Doch wenn ihr euch verpflichtet, so müsst ihr diese Verpflichtung respektieren.

Ein Versprechen ist wie eine Unterschrift: Sie bindet euch, bis ihr das Versprochene verwirklicht habt. Und nicht nur vor dem Himmel; selbst die Versprechen, die ihr hier unten gegenüber den Menschen macht, müssen gehalten werden. Wenn ihr die Erde verlasst, ohne Zeit gehabt zu haben, das zu erfüllen, wozu ihr euch verpflichtet hattet, müsst ihr wiederkommen, um dies zu erfüllen. Gott selbst wird euch nicht von diesem Versprechen entbinden. Nur die Person, der ihr es gegeben habt, kann dies tun. Manche sind verpflichtet, nur wegen eines nicht gehaltenen Versprechens zurück auf die Erde zu kommen. Nichts und niemand kann sie davon entbinden, außer, ich wiederhole es, derjenige oder diejenige, gegenüber der ihr es gemacht habt.

Ein Mann verspricht einer Frau, sie zu heiraten, und eines Tages entdeckt er, dass er nicht für die Ehe geschaffen ist, sondern um dem Herrn zu dienen. Nun, er muss diese Frau dazu bewegen, dass sie ihn von seinem Versprechen entbindet. Der Herr wird dies nicht tun, sondern nur diese Frau; wenn sie ablehnt, nutzt es ihm nichts, sich an den Herrn zu wenden, denn Er wird antworten: »Da du es versprochen hast, kann ich nichts tun. Ich weiß, dass du mir dienen willst, aber du hast Zeit. Heirate zuerst, du kannst mir auch dienen, wenn du verheiratet bist.« Wie viele Weise, Heilige und Propheten mussten auf die Erde zurückkehren, um sich von ähnlichen Versprechen zu befreien, die sie gemacht hatten, als sie sich noch nicht genügend kannten, um ihre wahre Berufung zu kennen!

Jemand möchte eine lästige Person loswerden und verspricht ihr zu tun, wonach sie verlangt, und dabei denkt er: »Ach was! Ich kann alles versprechen, das verpflichtet mich zu nichts!« Oh nein, genau da irrt er sich. Man darf keine leichtsinnigen Versprechen machen, egal wem gegenüber, sondern man muss sehr genau wissen, wozu man sich verpflichtet, denn selbst wenn man in diesem Moment ehrlich ist, können sich so viele Dinge mit der Zeit ändern! Wenn man mich etwas fragt, so verspreche ich nie etwas. Ich antworte nur: »Ich werde zu gegebener Zeit sehen, ob dies möglich ist«, denn ich kenne die magische Macht des Versprechens: Es bindet uns für immer.

Die höheren Wesen, mit denen wir einen Vertrag unterzeichnet haben, bevor wir auf die Erde herabgestiegen sind, wachen darüber, dass wir ihn erfüllen. Also müssen wir versuchen, uns hier zu erinnern, was unsere Seele versprochen hat, ohne uns zu fragen, wie viel Sorge, Mühe und Leid es kosten wird. Nichts darf uns aufhalten.

Ich weiß, was ich versprochen habe... Ich habe es lange geahnt, denn es hatte in mir so viel Kraft angenommen, dass ich es nicht ignorieren konnte.

Und als Meister Peter Danov mir die Bestätigung gegeben hat, konnte ich nicht mehr den geringsten Zweifel daran haben. In diesem so feinstofflichen Bereich kann man sich immer irren. Man muss sich immer fragen, ob das, wovon man glaubt, es sei eine Berufung, eine Mission, nicht einfach von einer Selbsttäuschung oder einem äußeren Einfluss kommt... Sobald die Sache jedoch klar ist, darf man sich keine Fragen mehr stellen, sondern muss entschlossen voranschreiten.

Jeder muss tief in sich selbst einkehren, um den Vertrag, die »Papiere« zu finden, mit denen er sich vor dem Herabsteigen vielleicht gegenüber den himmlischen Wesenheiten verpflichtet hat. Versucht, diese Papiere, diese Prägungen in der Stille und dem Frieden tiefer Meditation zu finden. Wenn ihr nach mehreren Versuchen nichts findet, müsst ihr nicht traurig sein. Freut euch aber auch nicht, indem ihr euch sagt: »Umso besser, ich habe mich zu nichts verpflichtet. Ich bin frei zu tun, was mir gefällt.« Denn wenn ihr so denkt, werdet ihr niemals den Beschränkungen entkommen. Diese Freiheit ist eine Illusion, und alles, was ihr im Namen dieser Freiheit unternehmt, kann euch nur fesseln. Doch die Menschen sind seltsam: Sie prahlen mit ihren Schwächen und freuen sich über sie, als wenn es ruhmreiche Titel wären, und sie eilen, um ihr Heil zu suchen, dorthin, wo sie in Wahrheit das Verderben erwartet.

Jeder wird ab dem Tag, an dem der Himmel ihm eine hohe Mission gibt, wissen, dass er wirklich frei ist. Ja, denn der Himmel beauftragt keine Personen, die durch egoistische Wünsche und zerstörerische

Leidenschaften gefesselt sind. Er beauftragt nur freie Wesen. Aber wollen die Menschen wirklich frei sein? Einige Tiere haben sich so sehr an ihren Käfig gewöhnt, dass sie nicht herausgehen, selbst wenn man ihnen die Tür öffnet. Sie haben ihren instinktiven Freiheitsdrang verloren. Und wie viele Menschen ähneln unglücklicherweise diesen Tieren. Sie haben vergessen, dass auch sie in Freiheit leben könnten und sie versuchen nicht einmal, ihr Gefängnis zu verlassen. Sie könnten sich von diesen Beschränkungen befreien, aber sie wagen es nicht, und einige denken nicht einmal daran.

Egal auf welchem Entwicklungsstand sich ein Mensch befindet, er muss versuchen, weiterzugehen.[3] Wenn er auf unüberwindbare Barrieren stößt, lernt er wenigstens seine jetzigen Grenzen kennen, was ihn nicht hindern darf, sich zu wünschen, sie eines Tages zu überwinden. Wenn er dagegen keine Hindernisse antrifft, so weiß er, dass er seinem Weg weiterfolgen kann. Viele schreiten nicht voran, weil sie sich einbilden, der Weg sei versperrt. Aber vielleicht ist er frei... Wie können sie es wissen, wenn sie nicht versuchen voranzukommen? Es liegt an jedem Einzelnen, seine Erfahrungen zu machen, um zu wissen, wozu er fähig ist. Und selbst wenn er entdeckt, dass er nicht sehr weit gehen kann, muss er wissen, dass das Ziel seiner Arbeit ist, zu jenem Ideal zu gelangen, das Jesus allen Söhnen und Töchtern Gottes gegeben hat: »Seid vollkommen wie euer Vater im Himmel vollkommen ist«.[4]

Anmerkungen

1. Siehe Band 240 der Reihe Izvor »Söhne und Töchter Gottes«.
2. Siehe Band 234 der Reihe Izvor »Die Wahrheit, Frucht der Weisheit und der Liebe«, Kapitel 18: »Die Wahrheit wird euch frei machen«.
3. Siehe Band 233 der Reihe Izvor »Eine Zukunft für die Jugend«.
4. Siehe Band 215 der Reihe Izvor »Die wahre Lehre Christi«, Kapitel 3: »Seid vollkommen, wie euer Vater im Himmel vollkommen ist«.

Kapitel 8

Ohne Angst voranschreiten

Auf dem langen Weg des Lebens schreiten wir, umgeben von allen möglichen Gefahren, voran, und wir wissen niemals, was uns passieren kann. Es ist also eine natürliche Reaktion, Angst zu haben. Doch dieser für das Überleben der menschlichen Rasse so notwendige Instinkt kann völlig unvernünftige Formen annehmen. So unvernünftig, dass er, anstatt das Leben von Männern und Frauen zu retten, den Verlust vieler verursacht hat. Wie viele haben sich aus Angst ins Feuer gestürzt, sind ins Leere gesprungen oder ertrunken!

Und genauso irrational sind häufig die Motive der Angst. Menschen, die fähig sind, wirklichen Gefahren zu begegnen, flüchten vor Spinnen, Mäusen oder Fröschen, die vollkommen ungefährlich sind. Und einige, die sich nachts inmitten von Blitz und Donner auf Berge gewagt haben, zittern vor dem Gedanken, ein Flugzeug oder einen Fahrstuhl zu besteigen. Warum hat man eher diese Ängste als andere?

In Bulgarien hatte ich eine Freundin, die in Diskussionen jedem Mann die Stirn bieten konnte. Doch wenn auf der Straße eine Fliege oder Wespe um sie flog, flüchtete sie kopflos, schreiend und riskierte, von einem Auto überfahren zu werden. Viele Male versuchte ich, ihr gut zuzureden, indem ich ihr zeigte, dass diese Angst sie viel mehr in Gefahr brachte, als die Fliegen oder Wespen, aber nichts half. Die einzige Erklärung für diese Art von Ängsten liegt in der unbewussten Erinnerung an Unfälle aus einer nahen oder fernen Vergangenheit, und sogar manchmal aus einem früheren Leben.

Was auch immer die Ursachen dieser Äußerungen sein mögen, es kommt darauf an, die Angst zu meistern. Da sie angesichts dessen, was eine Gefahr ist oder zu sein scheint, das Denken lähmt und unwillkürliche Bewegungen verursacht, muss man zuerst für wenigstens einige Sekunden stillbleiben, um nicht dem Gefühl nachzugeben, sondern sich wieder zu fassen. Sonst kann es einem gehen wie dem Passagier eines untergehenden Schiffes: Vor der Evakuierung in ein Rettungsboot wollte er in seine Kabine gehen, um das Portemonnaie mit seinen Papieren zu holen. Als er auf die Brücke zurückkehrte, schwenkte er ein Brathuhn in der Hand, denn in seiner Panik war er in die Küche gerannt! Um die Angst zu besiegen, dürft ihr dieser nicht erlauben, euren Geist zu verwirren.

Anstatt also irgendwie und irgendwohin zu flüchten, müsst ihr einige Sekunden unbeweglich bleiben und tief atmen, um die Kontrolle über euer Herz, euer Nervensystem und eure Glieder wiederzuerlangen. Wenn ihr eure Glieder unruhig werden lasst, verliert ihr jede Kontrolle über sie. Es ist, als hättet ihr die Tür von einem Käfig mit Raubtieren geöffnet: Wenn sie einmal herausgekommen sind, ist es sehr schwer, sie wieder hineinzubringen. Wenn ihr euch dagegen an Stelle dieser Unruhe andere Reflexe angewöhnt, beruhigt ihr euch, überall kehrt wieder Ordnung ein, und ihr könnt die besten Entscheidungen treffen.

Was es vor allem schwierig macht, die Angst zu meistern, ist das plötzliche Auftreten der Ereignisse, die Angst hervorrufen: Man befindet sich plötzlich in einer Situation, die nicht nur beunruhigend, sondern auch unerwartetet ist. Während des Kriegs hatte die Luftabwehr in der Nähe unseres Hauses in Sèvres eine Batterie von Kanonen, die jede Nacht schossen, und wir wurden ständig aus dem Schlaf geweckt. Ich erklärte also meinen Freunden, dass sie sich schon vor dem Zubettgehen in Gedanken darauf vorbereiten sollten, in der Nacht irgendwann von den Bombardierungen aufgeweckt zu werden. So würden sie die Angst überwinden und das, was sonst unvermeidlich ein Schock für das Nervensystem wäre, als weniger schmerzhaft erleben. Man muss seinen Willen immer bewusst steuern, sonst lässt man panische Bewegungen zu, die gefährlicher sind als die Gefahr selbst. Ich habe diese Erfahrung selber gemacht.

Während dieser Kriegszeit musste ich oft nach Paris gehen. Und als ich mit dem Zug nach Sèvres zurückkam, passierte es mir häufig, dass ich von Schüssen umgeben war. Ich ging ruhig weiter, ohne die geringste Angst zu haben. Glaubt es mir, wenn ich das sage. Doch eines Tages, als ich aus dem Bahnhof kam, fing ich an zu laufen, um den explodierenden Granaten zu entkommen, die von allen Seiten niederfielen. Plötzlich bemerkte ich, dass diese Eile in mir eine instinktive Angst ausgelöst hatte, die ständig wuchs. Unzufrieden über diese Beobachtung hielt ich sofort an. Ich rief meinen Willen zu Hilfe, um die Ruhe wiederzufinden, und es ist mir gelungen, jedoch mit Schwierigkeiten. Diese Erfahrung hat mir enthüllt, was ich euch heute erkläre. Durch das Laufen hatte ich die Angst geweckt, die in jedem Menschen schlummert. Mutig sind nicht diejenigen, die keine Angst haben, sondern diejenigen, die gelernt haben, sie zu beherrschen.

Unter den menschlichen Schwächen zählt man die Angst nicht so häufig auf, obwohl sie doch ein großer Feind des inneren Fortschritts ist. Hinter Gemeinheit, Geiz, Boshaftigkeit und Aggressivität steckt häufig die Angst. Man begegnet Menschen, die vorgeben, vor nichts Angst zu haben, aber was verstehen sie darunter? In Wahrheit, wenn sie sich besser analysieren könnten, würden sie beobachten, dass sie zumindest vor etwas oder jemandem Angst haben. Alles, was in der sichtbaren und unsichtbaren Welt existiert, kann Gegenstand einer Befürchtung sein, und ich werde euch nicht die verschiedenen Formen der Angst aufzählen. Sie sind unzählbar: von der Angst vor Unfällen, Krankheit, Tod bis hin zur Angst vor der öffentlichen Meinung sowie der Angst, zu wenig Geld zu haben oder von seiner Frau oder seinem Mann hintergangen zu werden, usw. Die Angst begleitet den Menschen während seines ganzen Lebens und verdunkelt seinen inneren Himmel. Wir müssen also in jedem Moment bereit sein, ihr zu begegnen.

Wenn man die Ursachen der Angst analysiert, stellt man fest, dass sie vor allem von dem Gefühl herkommt, dass man etwas oder jemanden verlieren könnte. Man fragt sich oft, woher dieser heitere Ausdruck kommt, der die Züge einiger Weisen charakterisiert. Nun, ganz einfach daher, dass sie die Angst, etwas zu verlieren, besiegt haben. Sie haben sich bis zu jenem Gipfel erhoben, an dem sie gespürt haben, dass in ihnen etwas Unzerstörbares existiert, dass ihnen nicht genommen werden kann.[1] Was auch passiert, ein wahrer Weiser weiß, dass die einzige Wirklichkeit in sich selbst und in allen Wesen dieser unzugängliche und vor allen Missgeschicken geschützte Gipfel ist: der Geist, dieser Funken, den Gott jedem menschlichen Wesen gegeben hat. Deshalb spürt er keine Angst, weder für sich selbst noch für andere.

Doch wie kann man dorthin gelangen? Indem man an sich selbst arbeitet, seine Gedanken und Gefühle reinigt, um nach und nach die dunklen Schichten aufzulösen, die uns von diesem göttlichen Funken trennen und uns daran hindern, zu fühlen, was die wahre Wirklichkeit ist. Was die Religion Vorsehung nennt, ist diese Gewissheit, die in manchen Wesen verankert ist, die die Erfahrungen gemacht haben, dass etwas in ihnen absolut unerreichbar ist und allen Schicksalsschlägen entgeht.

Die Gefahren existieren, und ich rate euch nicht, diesen ohne Notwendigkeit entgegenzutreten oder keine Vorkehrungen zu treffen, unter dem Vorwand, dass ich euch Methoden gebe, um die Angst zu besiegen. Denn es genügt nicht, keine Angst zu haben, um kein Opfer zu werden. Ihr braucht keine Angst vor Einbrechern haben, aber wenn ihr euer Haus verlasst, verschließt alle Türen und Fenster gut, und wagt euch auch nicht an jeden Ort. Ich versuche nur, euch gegen die unkontrollierten Reaktionen zu wappnen, die ihr aufgrund von irgendetwas oder irgendjemand haben könnt, die euch ängstigen. Also, ich wiederhole, bewegt euch in diesem Moment nicht, sprecht nicht, verbindet euch mit der Gottheit, die in euch wohnt, indem ihr Sie bittet, euch das richtige Verhalten zu zeigen. Wisst aber, dass ihr nur in dem Maße Antworten erhaltet, in dem ihr den Weg freigeräumt habt, der euch zu Ihr führt.

Deshalb wartet nicht damit, dies zu üben, bis ihr großen Gefahren begegnen müsst. Jeden Tag gibt es Gelegenheiten, sich plötzlich in Situationen zu befinden, die Angst auslösen können. Und wenn es nur Worte sind... Jemand droht z. B., euch etwas zu nehmen, woran euch viel liegt oder sich einem eurer guten Pläne zu widersetzen. Anstatt sofort Angst zu bekommen, aggressiv zu reagieren und Türen zuzuschlagen, schweigt, bleibt ruhig, denn wenn ihr impulsiv reagiert, wird dies die Situation nur verschlimmern. Wer weiß, ob dies nicht leere Drohungen sind? Und selbst wenn sie real sind, wird es euch besser gelingen, ihnen zu begegnen, wenn ihr einen kühlen Kopf bewahren könnt. Versucht, euch an all die Situationen zu erinnern, in denen ihr aus Angst vor dem, was ihr gefährlich findet, impulsiv gehandelt und es anschließend bedauert habt.

Einige Mutige zählen auf die Angst, die sie anderen machen, um ihre Pläne zu verwirklichen. Deshalb schätzen die Mutigen die Feiglinge. Auch wenn diese ihnen sicherlich keine Hilfe in ihren riskanten Unternehmungen sind, so stören sie sie zumindest nicht, denn sie gehen ihnen vorsichtig aus dem Weg. Der Himmel schätzt die Feiglinge nicht, denn sie gleichen Krügen mit Löchern, die nichts behalten. Angesichts von Schwierigkeiten und Hindernissen vergessen sie ihr Credo und sind zu den größten Feigheiten fähig. Der Himmel sucht mutige und unerschrockene Wesen, die, sobald sie das Licht gefunden haben, allen inneren und äußeren Hindernissen, die es geben kann, trotzen.

Bemüht euch also, alle Formen der Angst zu besiegen. Ihr sagt, es heiße in der Bibel in den Sprüchen: »Der Weisheit Anfang ist die Furcht des Herrn« (Spr 9,10). Ja, aber diese Furcht ist nicht genau das Gleiche wie die Angst, man muss das unterscheiden. Die Angst ist ein Instinkt, sie kommt von den dunklen Tiefen des Wesens, und, wie wir gesehen haben, hat sie oft keinerlei objektiven Grund. Die Furcht ist ein feiner gedanklicher Unterschied: Wenn man etwas fürchtet, so weiß man warum.

Es heißt nicht, es sei die Angst, sondern die Gottesfurcht, die der Beginn der Weisheit ist. Wir brauchen keine Angst vor dem Herrn zu haben, er will uns nichts Böses, ganz im Gegenteil. Doch wir müssen uns fürchten, Gesetze zu übertreten. Diese Furcht kommt also vom Verständnis, dass das von Gott geschaffene Universum Gesetzen gehorcht und dass es uns nur schaden kann, diese Gesetze zu übertreten, denn wir widersetzen uns so der kosmischen Ordnung.

Die Dunkelheit kann Grund für eine irrationale Angst sein: Man stellt sich einen Wolf, einen Dieb, einen Banditen vor, der plötzlich auftauchen könnte. Doch sie kann auch Grund für eine rationale Furcht sein: Wenn man nichts sieht, läuft man immer Gefahr, über etwas zu stolpern, zu fallen und sich zu verletzen. Je mehr Intelligenz und Weisheit im Menschen zunehmen, desto mehr wird er nicht furchtsam, im üblichen Sinne des Wortes, sondern vorsichtig und achtsam. Und gleichzeitig nimmt auch sein Mut zu, der intellektuelle, mentale Mut. Er misstraut dem Instinkt und dem Gefühl, denn sie können die Sicht vernebeln, aber für das Klare und Deutliche wird er mutig. Deshalb sind wahrhaft intelligente und unterrichtete Leute mutiger als andere. Sie wagen sich in Bereiche, in die sich die meisten nicht trauen, und das Licht gibt ihnen diesen Mut.

Je weiser und erleuchteter man ist, desto bewusster ist man der Gefahren und man bemüht sich, sie nicht hervorzurufen. Doch gleichzeitig wird man mutig, denn man weiß, dass man dem trauen kann, das man kennt. Das Gefühl der Gefahr begleitet den Menschen während seines ganzen Lebens, aber dieses Gefühl entwickelt sich, bis es nur noch die Furcht ist, sich der göttlichen Ordnung zu widersetzen und die kosmische Harmonie zu stören. Ihr sagt, der Mensch sei nicht wichtig genug, um die kosmische Ordnung zu stören. Nun, genau da irrt ihr euch. Es genügt eine egoistische Handlung, ein unnützes oder böswilliges Wort.[2]

Aber trotzdem ist es nicht ratsam, ständig zu zittern, weil man denkt, jedes Wort, jede Handlung, jeder Gedanke oder jedes Gefühl könnten einen falschen Ton hervorrufen. Eine solche Furcht ist lähmend. Wenn man sich einbildet, dass man mit jedem Schritt einen Fehler begehen und sich schuldig machen kann, kommt man nicht voran.

Die Religionen haben sich allzu oft dieser Angst bedient, die den Menschen lähmt. Im Mittelalter hat die Kirche den Christen zum Beispiel ohne Unterlass die Qualen der Hölle dargestellt. Sie gab vor, so für das Heil der Seele zu arbeiten, aber in Wahrheit hat diese Methode auch viele Schäden angerichtet. Man kann sogar sagen, dass die Seelen fast zu einer Zuflucht für den Teufel wurden, weil die Menschen so sehr an ihn gedacht haben, dass sie Gott vergessen haben. All die Teufelsdarstellungen! Er wurde gemalt und in Stein gemeißelt, und selbst im Gottesdienst haben sich die Prediger, mündlich oder schriftlich, viel zu sehr seiner bedient. Sie haben ihn auf die gleiche Weise benutzt, wie man Kindern vor dem Polizist, dem Wolf oder dem schwarzen Mann Angst macht.

Ich spreche vom Mittelalter, aber ich bin nicht sicher, ob es nicht zu unserer Zeit noch Menschen gibt, welche die Religion auf diese Weise benutzen. All dies ist vom pädagogischen Standpunkt her sehr schlecht. Im Gegensatz zu dem, was sie heuchlerisch behaupten, haben diese Leute kein Interesse am Heil der Seelen. Sie versuchen nur Macht über sie auszuüben. Und wenn sie ehrlich sind, ist dies nicht viel besser: Weil sie krank sind!

Die wahre Evolution ist ein kontinuierlicher Aufstieg, das stimmt. Doch während dieses Aufstiegs geht jeder durch Höhen und Tiefen, Aufstiege und Abstiege. Das muss man wissen, um nicht den Mut zu verlieren und durchzuhalten. Eines Tages wird es mehr Aufstiege als Abstiege geben, und weil Gott ein liebender Vater ist, vergibt Er seinen Kindern, die ihre Fehler einsehen und entschlossen sind, sie zu korrigieren.

Es ist unmöglich, sich ohne jeden Fehler zu erheben. Das Wesentliche ist, den Weg zur Höhe gewählt zu haben, den Weg der Liebe und der Weisheit, der zur Wahrheit führt.[3] Es ist nicht so schlimm, wenn ihr auf diesem Weg fallt oder zurückfallt. Es kommt darauf an, dass ihr die gleiche Richtung beibehaltet, dass ihr im Innern das gleiche Ziel und das gleiche Ideal beibehaltet und dass ihr den zu erreichenden Gipfel im Blick behaltet.

Die einzige Furcht, die ihr haben müsst, ist von eurem Weg abzukommen, das Bewusstsein zu verlieren, dass ihr Söhne und Töchter Gottes seid, die im Hause des Vaters erwartet werden. Ja, das ist die einzig erlaubte und empfohlene Furcht, denn diese Furcht wird euch nach und nach von allen Ängsten befreien, die euch begrenzen und schwächen und sie erlaubt euch mit Sicherheit, in Frieden und Klarheit auf dem Weg voranzuschreiten.

Anmerkungen

1. Siehe Band 235 der Reihe Izvor »Im Geist und in der Wahrheit – Wie finde ich zu Gott?«, Kapitel 4: »Die Eroberung des Gipfels«.
2. Siehe Band 225 der Reihe Izvor »Harmonie und Gesundheit«, Kapitel 2: »Die Welt der Harmonie«.
3. Siehe Band 234 der Reihe Izvor »Die Wahrheit, Frucht der Weisheit und der Liebe«.

Kapitel 9

Einzig das Licht des Geistes darf uns führen

Wie viele Männer und Frauen fühlen sich wie Könige und Königinnen im Exil, die ihres Thrones beraubt wurden! Sie sind sich einer Würde bewusst, die, so meinen sie, niemand anerkennt, und sie leiden unter den Bedingungen, unter denen sie leben müssen. Die Gesellschaft schätzt sie nicht und lässt sie sogar fühlen, dass sie sie nicht braucht. Doch was ist die Gesellschaft? Ein großes Theaterstück, in dem sich alle möglichen Komödien abspielen. Also warum sollten diese Komödien sie vergessen lassen, dass das Wesentliche das ist, was sie im Inneren ihrer selbst sind und nicht die Rolle, die sie in diesem Stück spielen? Sie sollten nur den Glauben in die Unendlichkeit ihrer Seele und die Macht und das Licht ihres Geistes behalten. Brauchen sie die Anerkennung anderer so sehr? Und selbst wenn sie Gegenstand dieser Anerkennung werden, wissen sie denn, wie veränderlich und unbeständig die öffentliche Meinung ist?

Seht wie es den berühmten Leuten geht. Heute schaut die ganze Welt auf sie, und bald danach sind sie vergessen. Heute hebt man sie in den Himmel und wenig später bringt man sie um. Manchmal geschieht sogar beides gleichzeitig. Während die einen sie bewundern und verherrlichen, reißen die anderen sie in Stücke. Und in welchem Zustand werden sie enden, wenn sie sich nicht an etwas Solides, Stabiles in ihnen selbst halten, an ihren Geist?

Es gibt da eine interessante Anekdote über den großen Tenor Caruso. Ein Jahr nachdem er in den größten Rollen in mehreren Opern an der Metropolitan in New York gesungen hatte, wurde er von aller Welt bejubelt. Alle sagten: »Man wird Sie überall an Ihrer Stimme erkennen, denn Ihre Stimme ist einzigartig!« Obwohl Caruso natürlich sehr geschmeichelt war, wollte er dies trotzdem nachprüfen. Eines Tages also, als er in der Mailänder Scala singen sollte, vereinbarte er mit einem Tenor, der eine kleinere Rolle hatte, dass er ihn ersetzen wird. Natürlich wurde das niemandem erzählt, und seht, was dann passierte: Das Publikum, das nicht wusste, dass Caruso dort auf der Bühne stand, zeigte fast keine Reaktion. Später, als er auftrat, um die Hauptrolle zu singen, gab es einen donnernden Applaus, bevor er den Mund öffnete. Das brachte ihn natürlich zum Nachdenken. Oft sind es nur der Name und der Ruf, die das Publikum reagieren lassen... bis es sich für jemand anderen begeistert!

Der Schöpfer hat uns zu Eigentümern von Gaben, Fähigkeiten und Talenten gemacht, die wir so gut wie möglich entwickeln müssen. Ihr sagt, das sei viel Arbeit und Anstrengung, die die anderen vielleicht nicht anerkennen werden... Aber warum ist es so wichtig, dass eure Talente anerkannt werden?

Gott, der euch diese Reichtümer gegeben hat, sieht, was ihr aus ihnen macht. Es ist nicht vernünftig, eure Vervollkommnung von der Meinung der anderen abhängig zu machen. Nur die Meinung eures Schöpfers zählt.

Für diejenigen, die es traurig finden, im Dunkeln zu bleiben, scheinen Erfolg und Bekanntheit vorteilhaft zu sein. Sie sollten jedoch diejenigen fragen, die diese Vorteile haben. Sie würden ihnen sagen, welche Nachteile sie nach sich ziehen... Aus verschiedenen Gründen ist es natürlich weder mit Erfolg noch mit Misserfolg leicht, die richtige innere Haltung zu finden. Das Einzige, was man tun kann, ist also, weder das eine noch das andere für zu wichtig zu halten.

Es kommt darauf an, zu lernen, unsere Fähigkeiten zu benützen, um in uns die Verbindung mit unserem Himmlischen Vater zu vertiefen. Wenn die anderen unsere Fähigkeiten anerkennen und davon profitieren, umso besser, aber das ist eine andere Frage und nicht das, was uns beschäftigen sollte. Wir müssen uns im Gleichgewicht und der Harmonie entwickeln, um uns mehr und mehr dem Bild des Schöpfers anzunähern, das wir in uns tragen. Denn in Wahrheit machen die intellektuellen oder künstlerischen Begabungen, die nicht dazu dienen, diesen göttlichen Ursprung wiederzufinden, ihre Eigentümer nicht unbedingt glücklich.

Wie viele Wissenschaftler, Philosophen, Schriftsteller, Poeten und Künstler leben in Qualen! Und während die Öffentlichkeit sich an ihren Werken nährt, würden sie ihre großen Talente freiwillig gegen ein paar Tage inneren Frieden eintauschen. Ihr fragt: »Aber warum gibt es so viel Unordnung und Tragödien in den Leben von so bemerkenswerten Menschen?« Weil sie sich damit zufriedengegeben haben, das Talent, das sie vom Himmel erhalten haben, zu entwickeln, ohne sich damit zu beschäftigen, eine tiefere Arbeit zu machen und ihre Lebensweise zu verbessern. Viele meinen sogar, dass ihre Leidenschaften, ihre Qualen, ihr Ungleichgewicht ihr Talent fördern, und in gewisser Weise erhalten sie sie aufrecht.

Tatsächlich ist der Ursprung vieler künstlerischer und gedanklicher Verwirklichungen, genauso wie spiritueller Verwirklichungen, sehr oft in tiefen Schmerzen und Schwierigkeiten zu finden, die von außergewöhnlichen Wesen in irgendeiner Weise überwunden werden konnten. Um sie jedoch wirklich zu überwinden, ist eine innere Arbeit notwendig. Und wenn diese Arbeit nicht oder nicht ausreichend getan wird, stellen sich seelische Störungen mit Ängsten und Leiden ein. Um dies auszuhalten, verfallen manche dem Alkohol, den Drogen oder der Ausschweifung. Da sie wirkliche Talente besitzen, hindert sie dies nicht, von Zeit zu Zeit wahre Meisterwerke zu schaffen. Doch von diesen Meisterwerken profitieren die anderen und nicht sie selbst. Sie leiden, und sie werden weiter leiden, solange sie sich nicht einer Disziplin unterwerfen, um diese dunklen Kräfte zu meistern, die dabei sind, sie zu zerstören.

Doch dies ist ein Thema, über das die meisten Menschen nicht nachdenken. Es genügt, dass einige Bücher oder einige Kunstwerke sie interessieren und inspirieren. Was ihrem Urheber geschehen ist, berührt sie nicht so sehr. Dass viele von ihnen tragisch geendet haben, dass sie verrückt geworden sind oder sich umgebracht haben, erscheint ihnen fast natürlich und sie stürzen sich sogar gierig auf die Biographien dieser außergewöhnlichen Menschen, um sich an den kleinsten Details zu weiden. In diesem Fasziniertsein der Öffentlichkeit liegt eine große Grausamkeit, aber natürlich sind sich die meisten dessen nicht bewusst.

Und was man vor allem nicht weiß, ist, dass die Menschen, die ihre Gaben, ihre Fähigkeiten nicht durch eine innere Disziplin unterstützt haben, sie früher oder später verlieren, ob in diesem Leben oder im nächsten. Da sie durch ihren ausschweifenden Lebenswandel ihr Kapital verschwendet haben, kommen sie als vollkommen unbedeutende Wesen auf die Erde zurück. Man kann nicht lange das künstlerische und das intellektuelle Leben vom moralischen Leben trennen.

Man hat bewundernswerte Künstler in Ausschweifungen und Perversionen leben sehen, und in ihrem Umfeld fragten sich viele, wie sie den Himmel ausdrücken konnten, obwohl sie die Hölle lebten. Sie wussten es selbst nicht. Sie wussten nicht, dass lichtvolle Geister aus der unsichtbaren Welt versuchten, sich durch sie zu manifestieren, in der Hoffnung, sie so zu retten. Ja, dieses mysteriöse Talent, das manche Menschen entwickeln, ist eine Art Brücke, die einige geistige Wesenheiten zwischen dem Himmel und ihnen errichten. Sie schreiben, singen und spielen durch diese Menschen, in denen sie wohnen und vollbringen dabei große Opfer, um sie aus der Hölle zu befreien. Wenn sie hartnäckig auf dem Weg der

Zerstörung bestehen, verlassen diese Wesenheiten sie eines Tages. Sie tun dies ungern, aber sie sind dazu gezwungen. Und selbst wenn diese Poeten, Maler, Musiker und Denker zuvor als Genies galten, finden sie sich dann arm, nackt und ihrer Talente beraubt.

Wenn ihr wirklich das Verlangen habt, verstanden und geschätzt zu werden, so wählt diejenigen gut aus, deren Wertschätzung ihr haben wollt. Was gewinnt der Honig, wenn er von den Wespen geschätzt wird oder das Lamm vom Wolf, der Reiche von den Dieben...? Ihr sagt, ihr wüsstet das schon. Seid ihr wirklich sicher? Seid ihr sicher, dass ihr, um die Zustimmung und den Applaus der anderen zu gewinnen, niemals etwas gegen die Gerechtigkeit, die Weisheit, die Güte, die Großzügigkeit und die Schönheit tut?

Was tut ihr, wenn ihr euch der Kritik und Verspottung anderer anschließt? In eurem tiefen Inneren wisst ihr wohl, dass diese Kritik und dieser Spott oft übertrieben sind, aber um den anderen zu gefallen oder um spirituell zu erscheinen, gebt ihr eure Kritik dazu. Und in der Kunst und sogar in der Politik, wie viele veräußern sich da, um Erfolg zu haben! Sie versuchen nicht, von den Weisen geschätzt zu werden, das ist unwichtig, denn die sind ja nicht so zahlreich! So hätten sie nur ein mageres Publikum oder sehr wenige Wählerstimmen.

Viele Künstler – Männer und Frauen – sind in unsere Bruderschaft gekommen und haben mir ihre Werke gezeigt. Einige unter ihnen machten abstrakte Malerei, andere konkrete Musik, usw. Und als ich sie überrascht fragte, ob diese Ansammlung von

Strichen und Klecksen oder diese unzusammenhängenden Folgen von Tönen wirklich etwas für sie bedeuteten, antworteten sie mir, dass die traditionellen Auffassungen von Kunst jetzt veraltet wären, und dass man jetzt neue Wege einschlagen müsse, um die Aufmerksamkeit der Kunstliebhaber zu erregen. Na gut, aber wo werden diese neuen Wege hinführen?

Ein Varieté-Künstler erklärte mir sogar, dass er müde war, die Leute mit trivialen Anekdoten zum Lachen zu bringen, und deswegen ein mystisch inspiriertes Theaterstück geschrieben hatte. Doch dieses Stück war ein Misserfolg. Das Publikum hatte nichts von seinen Absichten verstanden, und er war also gezwungen, seine alten Schauspiele wiederaufzunehmen. Natürlich ist es schwierig, das Publikum mit mystischen Themen anzuziehen, und vor allem, wenn man nicht lange gearbeitet hat, um diese Themen zu vertiefen und um das auszudrücken, was die Wesen in ihrem tiefsten Inneren berührt. Wie kann man glauben, dass man von einem Tag auf den anderen von der groben Komik auf die Spiritualität umsteigen kann?[1]

Nichts ist wertvoller, als eine Gabe, eine Qualität, eine Fähigkeit zu besitzen, welche die göttliche Seite in den Menschen erwecken kann. Doch man muss sich dessen bewusst sein und sich entschließen, eine solche Begabung dieser Aufgabe zu weihen. Gibt es viele Frauen, die sich ihrer Schönheit bewusst sind und sich gefragt haben, was ihre Schönheit bei anderen auslöst? Ob Schönheit, künstlerische oder intellektuelle Fähigkeiten, strengt euch an, sie nur zu nutzen, um diesen Funken, diese heilige Blume, die in jedem Menschen schlummert, zu erwecken. Dann werdet ihr in euch die Freude des Himmels anziehen.

Wir sind nicht auf die Erde gekommen, um uns um jeden Preis bejubeln zu lassen. Was wir auch tun, wir müssen uns vom Licht des Geistes führen lassen, um die göttliche Zustimmung zu erhalten. Wenn die Menschen uns auch schätzen, ist das gut, aber ihre Meinung darf uns niemals bestimmen. Wisst in jedem Fall, dass es immer jemanden gibt, der euch versteht und euch schätzt: Es ist derjenige, der euch geschaffen hat. Er weiß sehr gut, wie viel ihr wert seid. Er weiß, dass er euch diesen Funken ewigen Lebens gegeben hat: euren Geist. Und das muss euch reichen.

Und selbst wenn ihr nur wenig materielle Mittel habt, wenn es für euch keinen rechten Platz in der Gesellschaft gibt, wenn ihr nicht die Bedingungen findet, um zu handeln und euch mit euren Fähigkeiten durchzusetzen, so ist dies kein Grund, euch unterlegen, abgelehnt oder nutzlos zu fühlen. In Wahrheit könnt ihr einen außergewöhnlichen und einzigartigen Wert gewinnen, wenn ihr für die Verwirklichung des Reiches Gottes und Seiner Gerechtigkeit auf Erden mitarbeitet.[2] Wenn ihr in jeden Gedanken, jedes Gefühl und jede Handlung die Idee vom Reich Gottes setzt, spürt ihr, wie sich in euch etwas entwickelt, das euch nichts und niemand nehmen kann.

Und während dieser Zeit verblassen und verschwinden viele, die im Vordergrund standen. Wenn sie die Aktivitäten, welche die Blicke der anderen auf sie gelenkt hatten, nicht mehr ausführen können, verfallen sie in Untätigkeit. Und welch ein Leid wird es für sie sein, das, was sie jahrelang mit all ihrer Energie aufgebaut hatten, von ihren Nachfolgern zerstört zu sehen – häufig von einem Tag auf den anderen! Derjenige hingegen, der im Stillen für das Reich Gottes arbeitet, fühlt in sich etwas wachsen, das keine Anerkennung und kein menschlicher Ruhm in den Schatten stellen oder auch nur aufwiegen kann.

Das Schlimmste im Leben ist zu fühlen, dass man zu nichts nützlich ist. Viele bleiben tatenlos unter dem Vorwand, dass sie nicht die Fähigkeiten haben, um sich auf irgendeine Weise in der Gesellschaft durchzusetzen, sie gähnen, langweilen sich und kratzen sich selbst dort, wo es nicht einmal juckt! Einige davon, die unfähig sind, etwas zu finden, wo sie ihre Energien sinnvoll einsetzen könnten, begehen stattdessen schließlich Verbrechen. Sie sind nicht von Natur aus besonders schlecht, sondern sie fühlen sich übergangen und verachtet und können sich nur noch durch Gewalt und Verbrechen ausdrücken. Auf diese Weise gelingt es ihnen schließlich, bemerkt zu werden.

Sensibel für die öffentliche Meinung zu sein, ist an sich nicht verwerflich. Nur euer Selbstwert, die Wertschätzung, die ihr für euch selbst habt, darf nicht von dieser Meinung abhängen, sondern von dem Bewusstsein der Arbeit, die ihr in der Stille eures Herzens und vom Licht des Geistes geführt, zu machen fähig seid. Lässt die Gesellschaft euch spüren, dass sie euch nicht anerkennt, dass sie euch nicht braucht? Das soll euch nicht kümmern. Ihr werdet immer ein

Mittel und einen Platz finden, um für das Kommen des Reiches Gottes und Seiner Gerechtigkeit zu arbeiten. Und dank dieses Bewusstseins, etwas Nützliches zu tun, wird alles, was gut und schön in euch ist, erwachen, sich nähren, wachsen und ihr werdet sogar erstaunt sein, so viele neue Empfindungen wahrzunehmen: den Frieden, die innere Weite, die Freiheit, die wahre Freude.

Ihr wollt, dass ein König euch zum Minister ernennt? Warum nicht? Doch das hängt von allerlei äußeren Umständen ab. Wenn ihr euch also ehrgeizig darauf versteift, riskiert ihr, euch vollkommen zu erschöpfen. Wenn ihr euch dagegen in den Dienst des Himmels stellt, hängt das nur von euch ab, weshalb ihr da sehr hohe Ziele haben könnt.

Im inneren, spirituellen Leben muss man sich wünschen, einen Platz an der Seite des Königs zu haben. In den irdischen Angelegenheiten ist es dagegen besser, keine so hohe Position anzustreben. Wenn man euch wirklich braucht, wird man euch finden, aber es ist nicht gesagt, dass ihr sehr glücklich sein werdet, wenn ihr mit Verantwortung überladen werdet. Die Eingeweihten suchen niemals sehr hohe Positionen, aber innerlich streben sie so hoch, dass ihr es nicht einmal ahnen könnt. Verlangt, wie sie, innerlich sehr viel, und gebt euch mit einem sehr bescheidenen Platz in der Gesellschaft zufrieden, wenn das Schicksal euch nichts Besseres bietet. Es gibt immer genügend Kandidaten für die Rolle eines Generals, Ministers, Präsidenten oder Direktors...

Vermeidet, euch in erschöpfende Auseinandersetzungen zu stürzen. Geht dorthin, wo ihr den meisten Platz habt oder vielleicht sogar alleine seid. Dort wird euch niemand daran hindern, zu wachsen. Wenn ihr euch an die Seite eines großen und wachsenden Baumes pflanzt, wird er protestieren und schreiend seinen Lebensraum fordern. Begebt euch auch nicht in das Revier eines Raubtiers. Seid vielmehr wie der Vogel. Welchen Erfolg hätte ein Vogel, wenn er einem Raubtier den Platz streitig machen wollte, er, der doch einen so kleinen, schwachen und leichten Körper hat und so einen winzigen Schnabel? Doch er hat auch Flügel und kann sich frei in die Lüfte erheben. Der Vogel hat keinen Ehrgeiz, sich gegen ein Raubtier durchzusetzen. Er dankt jeden Tag dem Schöpfer, der ihm den Gesang und die Bewegungsfreiheit gegeben hat.

Die wahren Söhne und Töchter Gottes sind wie die Vögel. Sie wollen sich den Weg nicht durch den Dschungel bahnen, sondern sie versuchen – vom Licht des Geistes geführt – sich jeden Tag in die Lüfte zu erheben, um von dort den Frieden, das Licht und die Freude mitzubringen, die sie mit allen ihren Brüdern und Schwestern teilen.[3]

Anmerkungen

1. Siehe Band 223 der Reihe Izvor »Geistiges und künstlerisches Schaffen«, Kapitel 2: »Die göttlichen Quellen der Inspiration«.
2. Siehe Band 26 der Reihe Gesamtwerke »Der Wassermann und das Goldene Zeitalter«, Kapitel 5: »Das Reich Gottes und Seine Gerechtigkeit«.
3. Siehe Band 240 der Reihe Izvor »Söhne und Töchter Gottes«, Kapitel 13: »Ein Sohn Gottes ist allen Menschen ein Bruder«.

Kapitel 10

Unsere Zugehörigkeit zum Lebensbaum

Im Laufe der Jahrhunderte ist es den Menschen gelungen, sich mehr und mehr gegen die Natur durchzusetzen. Sie glauben sogar, dies sei ihre Rolle in der Welt, und sie nennen dies Fortschritt, Kultur, Zivilisation. Und tatsächlich, jetzt, da es ihnen gelungen ist, das Klima zu stören, die Erde, den Himmel und die Meere zu verschmutzen sowie die Flora und Fauna zu verwüsten, können sie stolz auf sich sein und sich kultivierte und zivilisierte Geschöpfe nennen!

Sicher, die Natur ist geduldig, sehr geduldig, aber wenn sie fühlt, dass die Menschen darauf bestehen, die Ordnung zu stören, die sie beherrscht, schlägt sie zurück. Und diesem Gegenangriff unterliegen sie nicht nur in der sie umgebenden Umwelt, sondern auch in sich selbst. Sie glauben, ungestraft alle möglichen Arten von Missbrauch begehen zu können, ohne vorauszusehen, dass sie die gleiche Unordnung, die sie in der Natur verursachen, auch in ihrem physischen Körper und ihrer Psyche schaffen. Und wenn sie sich nicht miteinander in Einklang bringen können, so auch, weil sie nicht die Ordnung der Dinge respektieren, die der Schöpfer in der Natur und in ihnen selbst errichtet hat.

Derjenige, der gelernt hat, sich mit der vom Schöpfer gewollten Ordnung in Einklang zu bringen, setzt sich nicht gegen die Natur durch, und er setzt sich auch nicht gegen die Menschen durch. Er übt keinen Druck auf sie aus und versucht nicht, sie für seinen persönlichen Vorteil zu gewinnen. Und vor allem versucht er, durch sein Verhalten und durch die Beherrschung seiner inneren Welt zu ihrer Entwicklung und Befreiung beizutragen.

Auf der physischen Ebene sind die Menschen individuell, getrennt, und was der eine erlebt, betrifft die anderen nicht direkt. Euer Leid oder eure Freude ist scheinbar nicht ihr Leid und ihre Freude. Wenn ihr darauf besteht, etwas Unverdauliches zu essen, verderbt ihr euren Magen, nicht den ihrigen. Doch oben, auf den feinstofflichen Ebenen, gibt es keine Grenze mehr, und euer Zustand wirkt auf die anderen Wesen. Ja, denn dort oben existiert nur ein einziges Wesen: der kosmische Mensch, der die Synthese von allen Menschen ist. Wir leben in diesem kosmischen Menschen, wir sind selbst dieser kosmische Mensch, in dem kein Wesen als getrennte Einheit existiert. Daraus folgt also das moralische Gesetz, dass ihr den anderen nichts Gutes und nichts Böses tun könnt, ohne euch selbst auch dieses Gute oder Böse anzutun. Dem Anschein nach ergibt das nicht viel Sinn, denn wenn ihr jemanden schlagt, der euch wütend gemacht hat, so tut es ihm weh, während ihr euch erleichtert fühlt (zumindest glaubt ihr das). Und doch, im Gegenteil: Es ergibt viel Sinn, denn im kosmischen Menschen sind wir eins.

Eines der bedeutsamsten Symbole dieses kosmischen Menschen ist der Baum. Der Baum dringt mit seinen Wurzeln tief in den Boden ein, während er seine Äste in alle Himmelsrichtungen ausstreckt. Nehmen wir einmal an, dass die Wurzeln sich als ein von den anderen abgetrenntes Individuum betrachten. Sie nehmen also nicht wahr, dass sie weiter oben mit einem Stamm verbunden sind, der sich in Äste aufteilt und dass es an diesen Ästen Blüten und Früchte gibt.

Man kann also sagen, dass wir, die Menschen, wie in die Erde eingegrabene Wurzeln eines Baumes sind. Jeden Tag nehmen wir Teilchen aus der Erde auf, um den Stamm und die Äste dieses Baumes zu ernähren, welche die Menschheit sind. Die Menschheit wiederum stellt eine Wurzel des kosmischen Baumes dar, in der jeder Mensch wie eine Wurzelfaser ist. Ja, die gesamte Menschheit ist mit einer Wurzel vergleichbar und jede Wurzelfaser ernährt sich, atmet und schöpft aus dem Boden Energien, die dann den ganzen Stamm hinauffließen.

Aus diesem Reservoir, welches die Materie ist, schöpft jedes menschliche Wesen Rohstoffe, die es verarbeitet, um sie anschließend der großen Wurzel zu schicken: der Menschheit. Doch bevor diese Rohstoffe die große Wurzel erreichen, gibt es mehrere Phasen. Die von den Wurzelfasern gesammelten Säfte ernähren eine kleine Wurzel, die Familie, die ihrerseits eine größere ernährt: das Land. Das Land ernährt den Kontinent und schließlich erreicht der Nährsaft die große Wurzel der Menschheit. Der Übergang vom Individuum zur Menschheit geschieht durch immer größer werdende Wurzeln, die untereinander verbunden sind. Wie beim Baum beginnt er am Boden, um sich immer weiter in die Luft und das Licht zu erheben.

Doch ist die Erde allein im Kosmos? Nein, natürlich leben auf dem Mond, dem Merkur, der Venus, dem Mars, dem Jupiter und Saturn usw. noch andere »Menschheiten« (nennen wir sie so, obwohl es sich um Wesen handelt, die sich sehr von uns unterscheiden). Dies sind andere Wurzeln und sie laufen zusammen, um gemeinsam eine Wurzel zu bilden, die sich mit noch anderen Wurzeln vereinigen wird, mit anderen Familien im Sonnensystem und darüber hinaus in den Galaxien und Sternnebeln... All dies zusammen ist der kosmische Baum, Gott selbst, von dem der Lebensbaum der Kabbalisten eine Darstellung ist.[1] Von den Wurzeln des Baums, Malkuth, dem Reich, erheben sich Energieströme, die bis zum Gipfel, Kether, der Krone, aufsteigen.

Da das Leben von den Enden der Wurzeln bis zu den Enden der Äste und zurück zirkuliert, ist der kosmische Baum zweifellos die beste Darstellung von der Einheit der Schöpfung. Doch diese Einheit haben die Eingeweihten auch durch die Schlange dargestellt, die sich in ihren Schwanz beißt. Der Kopf entspricht der Welt des Geistes und der Schwanz der Welt der Materie. Geist und Materie sind die beiden Aspekte Gottes, die sich in seiner ganzen Schöpfung manifestieren und auf sie einwirken. Nichts von dem,

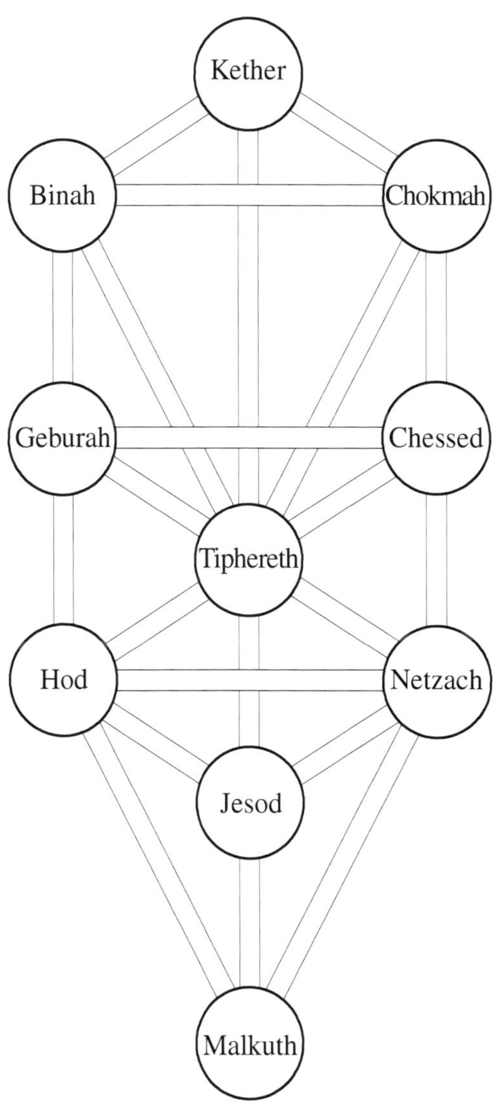

Der Lebensbaum

was wir sehen, ist von Gott getrennt. Er ist die Ganzheit und wir sind wie Zellen, irgendwo in seinem riesigen Körper. Und da auch wir Materie und Geist sind, haben wir die Aufgabe, ständig unseren Geist zu ernähren, indem wir aus unserer Materie schöpfen. Und der Materie müssen wir das auf unbestimmte Zeit erneuerte Leben unseres Geistes einflößen.[2]

Durch eine Vielzahl von Verzweigungen gehören wir dem kosmischen Wesen an. Wir sind mit diesem kosmischen Wesen identisch. Deshalb sind wir auf den feinstofflichen Ebenen verbunden, auch wenn wir auf der physischen Ebene glauben können, getrennt zu sein, und wir können den anderen nichts Böses und nichts Gutes tun, ohne es uns selbst auch anzutun. Wenn ihr euch diesen Gedanken eingeprägt habt, werdet ihr verstehen, dass, bevor ihr den anderen etwas Gutes tun könnt, ihr es euch zuerst selbst tun müsst.

Wenn ihr euch mit euren Gedanken, Gefühlen und Handlungen anstrengt, etwas Gutes in euch zu erschaffen, wird das Gute so tief in euch eingebrannt sein, dass ihr nichts Böses mehr tun könnt. Welch großartige Lehre ist es, sich zu bemühen, auf sich selbst zu achten! So wird man auch den anderen gegenüber aufmerksam. Die wahre Wissenschaft ist es, bei sich selbst zu beginnen, nicht bei seinem kleinen, egoistischen Selbst, sondern bei seinem höheren Selbst, seinem kosmischen Selbst.

Und was bedeutet »bei sich selbst anfangen«? Ihr könnt zum Beispiel mit den Wesenheiten sprechen, die in euch wohnen. Anstatt der niederen Natur freien

Lauf zu lassen, indem ihr euch ständig gegen alles und jeden auflehnt und entrüstet, lernt ein bisschen, mit all den Wesen in euch zu diskutieren, die unruhig, unzufrieden und aufständisch sind. Ihr müsst diese Wesen, die ihr seit vielen Reinkarnationen in euch tragt und die sich schließlich als schlechte Angewohnheiten eingenistet haben, überzeugen, dass sie schweigen. Und ruft gleichzeitig eure höhere Natur, damit sie sich durch all die weisen und erleuchteten Wesenheiten manifestiert, die euch auch bewohnen. Lasst sie sprechen und nehmt ihre guten Vorschläge an. Sie werden euch nützlich sein – euch und den anderen.[3]

Wie viele Leute sagen, dass sie nützlich sein wollen und um sich herum Gutes tun wollen! Doch die guten Gefühle und die guten Absichten reichen nicht aus. Derjenige, der den anderen helfen will, muss ein Leiter für das göttliche Leben werden und sich dafür von allem befreien, was in ihm dunkle Kräfte anziehen kann. Das Gute und das Böse sind so eng in jedem Wesen verflochten, dass es den finsteren Kräften oft gelingt, von seinem guten Willen zu profitieren. Während jemand überzeugt ist, Gutes zu tun, mischen sich alle möglichen fremden Elemente in sein Handeln.

Mit Geduld und täglicher, stündlicher Arbeit müsst ihr versuchen, Zustände, welche die negativen Kräfte anziehen, zu verringern und stattdessen Zustände, welche die himmlischen Kräfte anziehen, zu intensivieren. Wenn ihr nichts mehr habt, was dem Bösen die Tür öffnen könnte, ja dann werdet ihr wirklich Leiter für das göttliche Licht.

Um euch in dieser Arbeit zu helfen, könnt ihr euch sogar bestimmter Gegenstände bedienen. Wie ich euch gerade erklärt habe, bildet das Universum eine riesige Einheit, in der alles verbunden ist. »Das, was unten ist, ist wie das, was oben ist; und das, was oben ist, ist wie das, was unten ist«, sagte Hermes Trismegistos. Jeder materielle Gegenstand hat also eine Entsprechung auf den feinstofflichen Ebenen, und besonders auf der Astralebene. Auf dieses Gesetz gründen die Hexer, die Schwarzmagier ihre Handlungen: Sie verbinden einen physischen Gegenstand mit einer ihm entsprechenden Kraftströmung, und dieser Gegenstand dient ihnen dann dazu, diese Kräfte zu mobilisieren. Mit Hilfe eines Giftes, zum Beispiel, das sie beschwören und in ein ganzes Ritual einbinden, gelingt es ihnen, die niederen Schichten der Astralwelt zu bewegen und diesen schädlichen Einfluss der Person zu schicken, auf die sie es absehen, und diese Person ist dann wirklich vergiftet.

Da der Hexer sich auf das Gesetz der Entsprechungen stützt und so eine Verbindung zwischen der physischen und astralen Ebene herstellt, kann das physische Gift auf das astrale Gift des Hasses, der Eifersucht, der Rache wirken und so in die Menschen eindringen. Wie viele Bücher berichten über diese Praktiken der Schwarzen Magie und ich bitte euch, niemals darauf zurückzugreifen. Viel weniger Werke zeigen die Praktiken der Weißen Magie. Und warum sind sie so selten, wo doch dieses Gesetz ebenso für das Gute wirkt?[4]

Wisst, dass ein Gegenstand mit harmonischen Linien, schönen Farben und aus einem schönen Material auf den feinstofflichen Ebenen etwas Wohltuendes und Belebendes ist. Ihr könnt sie nützen, um dank dieser Kräfte, die göttliche Tugenden darstellen, die höheren Schichten der Astralebene zu bewegen. Während ihr euch auf diese Tugenden konzentriert: die Liebe, Weisheit, Wahrheit, Güte, Gerechtigkeit, Reinheit, Friedfertigkeit, Opferbereitschaft... und während ihr sie in euch stärkt, dient euch dieser Gegenstand, um wohltuende Kräfte auszulösen, die sich auf alle Wesen verbreiten.

Dies ist eine Tätigkeit für die Schüler einer Einweihungslehre, welche die Mysterien des kosmischen Baumes vertieft haben: mit den Gegengiften des Bösen zu arbeiten, zu lernen, Gegenstände und Symbole zu verwenden, um sie mit den Tugenden zu verbinden, die ihnen oben entsprechen. Diese in Bewegung gesetzten Kräfte reinigen, entgiften, weihen und beleben alles.

Doch wo sind die Menschen, die sich dieser spirituellen Realitäten bewusst sind und entschlossen sind, sich selbst zu helfen, um der ganzen Welt zu helfen? Vergesst niemals, dass alles, was ihr euch selbst an Gutem oder Bösem tut, sich auf den anderen widerspiegelt. Dies ist ein Gesetz und nichts ist wichtiger, als die Gesetze zu kennen, welche über die Natur und unsere innere Welt regieren, um an einer wahrhaft wohltuenden Arbeit für die ganze Menschheit teilzunehmen.

Anmerkungen

1. Siehe Band 236 der Reihe Izvor »Weisheit aus der Kabbala – Der lebendige Strom zwischen Gott und Mensch«, Kapitel 1: »Vom Menschen zu Gott: Der Hierarchiebegriff«, Kapitel 2: »Darstellung des Lebensbaumes« und Kapitel 11: »Der Körper des Adam Kadmon«.
2. Siehe Band 241 der Reihe Izvor »Der Stein der Weisen – Von den Evangelien zur Alchimie«, Kapitel 3: »Ihr seid das Salz der Erde«.
3. Siehe Band 229 der Reihe Izvor »Der Weg der Stille«, Kapitel 6: »Die Bewohner der Stille« und Kapitel 7: »Harmonie als Voraussetzung der inneren Stille«.
4. Siehe Band 226 der Reihe Izvor »Das Buch der göttlichen Magie«.

Kapitel 11

Was es bedeutet, ins »Ausland« zu gehen

Wie oft hört man, die Menschen seien egoistisch und gleichgültig gegenüber dem Leiden und dem Unglück anderer! Es fehlt jedoch nicht an Menschen, die spontan ihr Mitgefühl für dieses Leiden und dieses Unglück äußern und sich entschließen zu helfen. Sie stürzen sich also hinein, sie sprechen, sie greifen ein und übernehmen die Initiative. Für sie gibt es keinen Zweifel: Sobald sie aufrichtig helfen wollen, können sie es. Sie wissen nicht, dass Gutes zu tun eine ganze Wissenschaft ist und dass es nicht reicht, seiner Familie, seinen Freunden oder der Gesellschaft nützlich sein zu wollen, um dessen wirklich fähig zu sein.

Nehmen wir einmal an: Während ihr am Rand eines Flusses spazieren geht, seht ihr, wie jemand am Ertrinken ist. Wenn ihr nur auf euer gutes Herz hört, springt ihr ins Wasser. Doch wenn ihr nicht wisst, welche Verzweiflung von denjenigen ausgeht, die am Ertrinken sind, werdet ihr zulassen, dass er sich an eure Arme klammert, und ihr werdet mit ihm ertrinken. Ihr dürft jedoch niemals jemanden, der ertrinkt, sich an eure Arme klammern lassen. Ihr müsst ihn zwingen, sich zum Beispiel an eure Taille zu klammern und ihn sogar, wenn nötig, durch einen Schlag betäuben. In dem Augenblick wird er euch vielleicht brutal finden, doch das macht nichts, denn genau dadurch rettet ihr euch beide. Er wird später merken, dass ihr gut daran getan habt, ihn so zu behandeln.

Ihr werdet vielleicht sagen, dass ihr dies schon wisst. Ja, aber wie soll man dieses Bild interpretieren, das ist die Frage. Diese Situation kann im Leben in verschiedenen Formen auftreten, aber wie auch immer die Umstände sein mögen, man muss immer die Freiheit seiner »Glieder« bewahren, sonst geht man mit denen unter, denen man helfen wollte. Wie viele Menschen sind Opfer des Guten geworden, das sie tun wollten! Sie haben sich anschließend verschlossen und sogar ihr ganzes Leben bedauert, dass sie versucht haben, den anderen zu helfen. Man muss jedoch weiter Gutes tun wollen, aber unter der Bedingung, dass man weiß wie, das heißt, dass man weiß, wie man seine Glieder – oder genauer seine Arme – frei hält, um seine Handlungsfreiheit zu wahren.

In vielen armen Ländern entschließen sich Männer ins Ausland zu gehen, um Geld für den Unterhalt ihrer Familie zu verdienen. Dem Anschein nach verlassen sie ihre Frauen und Kinder, aber in Wahrheit ist es das genaue Gegenteil. Eben weil sie an das Wohl ihrer Familie denken, verlassen sie diese. Anders gesagt: Sie lassen sich nicht die Arme durch ihre Familie lähmen, denn dies ist die einzige Möglichkeit, sie aus ihrem Elend zu befreien. Ihr sagt: »Aber was geht uns dieses Beispiel an?« Es betrifft euch, weil ihr in einer Welt lebt, in der ihr – auch wenn ihr eure Familie nicht aus einem materiellen Elend befreien müsst – ständig unglücklichen und verängstigten Männern und Frauen begegnet. Welche Mittel habt ihr, um ihnen zu helfen? Ihr werdet mit ihnen fühlen und leiden... Doch selbst wenn sie gerührt sind zu sehen, dass ihr Leid euch nicht gleichgültig ist: Was wird euer Mitgefühl ihnen wirklich bringen?

Ihr könnt den Menschen nur helfen, wenn ihr euch angewöhnt, jeden Tag in ein Land zu gehen, in dem es einen immensen Reichtum gibt, das heißt Liebe, Licht und Freude. Dieses Land ist die göttliche Welt.[1] Wie könnt ihr andere Menschen unterstützen, wenn ihr arm, besorgt und freudlos seid? Wendet euch an Gott, denn dort werdet ihr die Nahrung und die Kräfte des Herzens und der Seele finden; und ihr könnt sie anschließend nicht nur rundum verteilen, sondern ihr lehrt die anderen durch euer Beispiel, dasselbe zu tun. Sobald euch gewisse Verwirklichungen auf der psychischen Ebene gelungen sind, wird es leichter sein, sie anschließend auf der materiellen Ebene zu erhalten.

Viele bilden sich ein, Gebet, Meditation und Handlung seien unvereinbar. Das ist der größte Irrtum! Viele tatkräftige Männer und Frauen waren wahre Mystiker. Oh, natürlich waren es auch viele nicht, aber was haben diese wirklich Gutes getan? Derjenige, der sich ins Handeln stürzt, ohne vorher das Licht des Geistes zu suchen, läuft Gefahr, nur Unordnung und Zerstörung zu verursachen. Eine Handlung bewirkt Gutes, wenn sie gut orientiert ist.

Und wie kann sie gut orientiert sein, wenn gewisse Bedingungen nicht erfüllt sind? Was kann man ohne Ressourcen und vor allem ohne inneres Licht bewirken?

Derjenige, der wirklich den anderen helfen will, muss lernen, sie zu verlassen, um zu Gott aufzusteigen. Selbst der beste Mensch mit den besten Absichten kann nicht viel Gutes bewirken, wenn er nur auf seine eigenen Möglichkeiten und seine eigene Inspiration vertraut. Man muss einen großen spirituellen Reichtum besitzen, um nützlich sein zu können. Der Arme kann nichts bewirken.

Unter dem Vorwand, sie zu lieben, bleibt man dicht bei den Menschen und kümmert sich um sie. Doch wie hilft man ihnen, wenn man sich nicht von seiner Unzulänglichkeit, seinen Schwächen und seiner Mittelmäßigkeit befreit? Diese Art von Liebe reicht nicht aus. Man kann dies gut in der Erziehung beobachten. Die Eltern erziehen ihre Kinder nicht, indem sie ständig damit beschäftigt sind, über sie zu wachen. Sie erziehen sie nur, wenn sie fähig sind, ihnen etwas anderes zu bringen, etwas von oben, etwas Lichtvolles, Solides, das ihre Kinder das ganze Leben über bewahren können. Man erzieht die Kinder nicht, indem man ihnen nur sagt: »Iss... schlaf... deck dich gut zu... pass auf, wenn du über die Straße gehst... streng dich in der Schule an... lass dich nicht mit jedem ein... rauch nicht... trink keinen Alkohol... nimm keine Drogen...« Diese Ratschläge, diese Befehle und Verbote sind sicherlich nützlich, aber sie sind keine Nahrung für ihre Seele und ihren Geist. Und wenn die Eltern die Seele und den

Geist ihrer Kinder nicht ernähren, brauchen sie sich keine Illusionen zu machen: Sie werden sie so nicht beschützen.[2]

Um also den anderen etwas Gutes zu tun, fangt damit an, sie zu verlassen und sie wenigstens für einige Minuten zu vergessen! Dies ist nur ein scheinbares Vergessen, denn in Wahrheit denkt ihr an sie so viel besser, als wenn ihr bei ihnen geblieben wärt. Ich selbst habe verstanden, dass ich euch nicht helfen kann, wenn ich ständig bei euch bleibe. Also verlasse ich euch von Zeit zu Zeit, um zu Gott aufzusteigen, wo ich Reichtümer sammle, die ich anschließend an euch verteilen kann. Ich zähle nicht so sehr auf meine Gegenwart bei euch. Ihr habt sie oft gehabt und nicht unbedingt viel dadurch erworben.

Man muss sich also daran gewöhnen, seine Frau, seinen Mann, seine Kinder und seine Freunde zu verlassen, um ins Ausland (in die göttliche Welt) zu gehen, Frieden und Licht zu sammeln und zurückkehren, um sie unter ihnen zu verteilen. Ein schwacher und armer Mann kann nur seine Aufregung und Unruhe weitergeben und manchmal, selbst wenn er sein ganzes gutes Herz hineinlegt, verschlimmert er die Dinge nur. Das einzige Mittel, den anderen zu helfen und sie zu retten, ist es, jeden Tag nach oben zurückzukehren, in unsere himmlische Heimat, aus der wir für eine gewisse Zeit gekommen sind, und dort Geschenke zu sammeln, die wir ihnen mitbringen können. Von welcher Natur wird sonst unsere Hilfe sein?

Sicher habt ihr selbst schon solche Erfahrungen gemacht. Ja, gibt es nicht Leute, mit denen ihr niemals über eure Schwierigkeiten sprechen wollt, weil sie, unter dem Vorwand euch zu helfen, alles nur schwieriger machen? Wenn ihr also nicht zu diesen Leuten gehören wollt, denen man nichts anvertrauen will, um nicht in noch mehr Schwierigkeiten zu geraten, so denkt nach, meditiert und betet, um die beste Art zu finden, den anderen zu helfen.

Natürlich kann ein Unglücklicher erleichtert sein bei dem Gedanken, dass er nicht der einzige Leidende ist; aber jemandem, der weint, zu sagen, dass man ihn versteht und seinen Kummer teilt, genügt nicht, um ihm wirklich zu helfen. Anstatt wie er die Schultern hängen zu lassen, muss man im Gegenteil im Inneren einen so großen Glauben und so viel Freude nähren, dass sie das Böse in ihm neutralisieren. Und wenn dieses Leid sich als Wut äußert, so schließt euch vor allem nicht dieser Wut an, sondern bewahrt eure Ruhe.

Wo habe ich diese Methode gelernt? Bei Meister Peter Danov. Erst später habe ich die Gründe für seine Haltung gegenüber dem Leiden der Menschen verstanden. Die Eingeweihten, die Weisen verhalten sich nicht wie die Unwissenden.

Um den anderen zu helfen, seid ihrem negativen Zustand gegenüber nicht empfänglich. Wenn jemand beunruhigt ist, nehmt nicht die gleiche Angst an, denn so helft ihr ihm nicht. Ihr müsst euch zurückziehen, Freude sammeln und sie anschließend über ihn ausbreiten. Was habt ihr in der Lehre der Universellen Weißen Bruderschaft gelernt, wenn ihr noch nicht wisst, wie man den anderen hilft? Ihr sagt, dass ihr sie liebt, aber das ist nicht wahr. Wenn ihr sie lieben würdet, dann würdet ihr dem Himmel und der Erde danken und ihr würdet zu Gott aufsteigen und Ihm sagen: »Herr, ich liebe sie, gib mir etwas für sie.«

So könnt ihr Gutes tun. Wer den anderen durch seine eigenen Mittel helfen will, wird kein dauerhaftes Resultat erzielen. Das Einzige, was er tun kann, ist, alle Liebe zu sammeln, die er in sich hat und sich weiter und weiter zu erheben... Dann werden alle lichtvollen Wesen der unsichtbaren Welt beiseite treten und sagen: »Lassen wir dieses Wesen aufsteigen, denn es trägt in seinem Herzen eine unwiderstehliche Liebe und wir werden ihm helfen, diese Liebe zu leben.«

Anmerkungen

1. Siehe Band 224 der Reihe Izvor »Die Kraft der Gedanken«, Kapitel 12: »Das schöpferische Gebet« und Kapitel 13: »Die Suche nach dem Gipfel«.
2. Siehe Band 203 der Reihe Izvor »Die Erziehung beginnt vor der Geburt«, Kapitel 5: »Eine neues Verständnis der mütterlichen Liebe« und Kapitel 6: »Das magische Wort«.

Kapitel 12

Die ungeahnten Schätze der Geduld

Ihr erwartet ungeduldig, dass sich alles verwirklicht, was ihr euch wünscht und ihr wünscht euch so viele Dinge! Das ist natürlich. Und trotzdem, anstatt darauf zu warten, dass sich eines Tages schließlich eure Wünsche verwirklichen, untersucht genau die Natur dessen, was ihr verlangt. Denn was ihr euch wünscht, wird kommen und wenn ihr nicht genügend Unterscheidungsvermögen hattet, um zu wissen, was ihr hättet verlangen sollen, gibt es nur Enttäuschung und Bedauern! Bevor ihr um jeden Preis wollt, dass eure Gebete und Wünsche erhört werden, stellt euch die Frage: »Wird das, was ich mir wünsche, wirklich etwas Gutes für mich und für die anderen bringen?« Sonst wird es »Heulen und Zähneknirschen« geben, wie Jesus es in den Evangelien sagt (Mt 24,51).

Bevor man irgendetwas verlangt, muss man wirklich sicher sein, dass das, was man sich wünscht, mit den göttlichen Gesetzen in Einklang ist. Wenn ihr dessen sicher seid, so wünscht es euch weiter mit der Überzeugung, dass es sich verwirklichen wird. Denn die Erde ist der Ort aller Verwirklichungen.

Auf der einen Seite ist das sehr ermutigend, doch es ist auch sehr gefährlich, weil sich das Böse wie auch das Gute verwirklicht.

Es gibt Regionen im Universum, wo das Böse keinerlei Anhaltspunkt hat, aber auf der Erde hat alles ein Recht auf Verwirklichung, das muss man wissen. Deshalb ist es angesichts so vieler Verbrechen, die geschehen, angesichts von so viel Unglück, das die Menschheit trifft, unnütz, sich die Frage zu stellen: »Warum erlaubt Gott solche Dinge?« Dies ist keine Frage der Erlaubnis, es ist eine Frage der Natur der Dinge. Das ist deshalb so, weil wir auf der Erde sind, an einem Ort, an dem alles ein Recht auf Verwirklichung hat, das Gute, aber auch das Böse.

Wir müssen für das Gute wie auch für das Böse Geduld entwickeln: Geduld, um die Wirkungen des Bösen zu ertragen, die uns leiden lassen und Geduld, um auf die guten Dinge zu warten, die wir uns wünschen. Doch die Tugend der Geduld ist schwierig zu erwerben, noch viel schwieriger, als sie zu verstehen. Man kann sie erklären, indem man auf die Etymologie dieses Wortes zurückgreift, das lateinische Verb »patior«, welches erleiden, aushalten, ertragen bedeutet. Also geduldig sein, bedeutet, alles passiv zu ertragen, ohne zurückzuschlagen? Nein, das ist nicht Geduld und ich werde versuchen, diese Frage klarer zu machen.

Die Geduld ist die größte Manifestation der Liebe. Das bulgarische Wort für Geduld ist »tarpenie« und das Wort »delgotarpenie« bezeichnet die Geduld Gottes. Gott wird »delgotarpelniv« genannt, was man mit dem französischen »longani-me« (zu

Deutsch: Langmut) übersetzen kann (»deleg« bedeutet lang). »Langmut« ist kein Wort, dass man häufig hört, aber es ist das geeignetste, um diese unendliche Geduld Gottes zu bezeichnen. Beschäftigen wir uns also einige Minuten mit dieser wunderbaren Geduld.

Seit Millionen und Abermillionen von Jahren, wartet Gott darauf, dass die Steine Menschen werden und nichts kann Ihn in seinem Frieden stören. Er erträgt alles, Er rührt sich nicht einmal, wenn Er sieht, wie so viele böswillige Kreaturen Verbrechen begehen und die Welt, die Er geschaffen hat, verwüsten. Diese Geduld ist sicherlich die verwirrendste und unverständlichste Sache, die es gibt. Um sie zu verstehen, gibt es nur einen Weg: sich bemühen, ihr mit allen Mitteln nahezukommen, denn keine Definition, selbst die gelehrteste, kann uns diese mysteriöse Langmut Gottes verstehen lassen, die der Ausdruck seiner Liebe ist.

Gott liebt alle Geschöpfe und das Symbol dieser Liebe ist die Sonne, von der alle, ohne Ausnahme, Tag und Nacht Wohltaten empfangen: das Leben, die Wärme, das Licht. Doch der Wolf nutzt die Wohltaten der Sonne, um die Schafe anzugreifen, während das Schaf gute Milch gibt. Und während der Übeltäter versucht, den anderen zu schaden, denkt der Heilige nur daran, sie zu beschützen. Ebenso wie das Licht, die Wärme und das Leben der Sonne, erzeugt auch die Liebe Gottes nicht die gleichen Ergebnisse bei allen Wesen. Wenn der Übeltäter kriminelle Pläne schmiedet, kann man dann sagen, dass Gott, die göttliche Sonne, zu kriminellen Handlungen inspiriert? Nein, der Übeltäter macht nur einen schlechten Gebrauch von diesen Kräften.

Natürlich ist man oft überrascht, dass die Bösen, die Gewalttäter, die Thronräuber ruhig und sogar glücklich weiterleben, zumindest dem Anschein nach. Dies führt dazu, dass einige sich sagen: »Wenn Gott existieren würde, dann würde Er nicht so viel Ungerechtigkeit und Grausamkeiten tolerieren.«[1] Und diejenigen, die trotz allem den Glauben behalten, hören nicht auf, sich Fragen zu stellen und sich zu quälen. Wenn man sich nicht bemüht, die unermessliche Geduld Gottes zu verstehen, riskiert man, in große Irrtümer zu fallen. Und um sie zu verstehen, muss man damit beginnen, niemals ein Gesetz aus den Augen zu verlieren, das einer der Grundpfeiler der Schöpfung ist: das Gesetz von Ursache und Wirkung.

Es gibt nirgends Tatsachen ohne Folgen und jede Tatsache, jedes Ereignis ist die Folge einer Ursache. Ursachen und Folgen sind unauflöslich verbunden. Doch die Dauer eines Erdenlebens ist so kurz, dass wir dieses gigantische Spiel von Ursachen und Folgen nicht beobachten können. Wenn wir viel länger leben würden, könnten wir die Folgen bestimmter Ursachen sehen und so feststellen, dass die Schuldigen schließlich bestraft und die Guten belohnt werden, denn wenn dies nicht sofort geschieht, so notwendigerweise später.

Wir werden nicht mehr da sein, um die Folgen bestimmter Ursachen zu sehen. Genauso beobachten wir heute Dinge, welche die Folgen von Ursachen sind, die aus einer Zeit weit vor unserem jetzigen Leben stammen. So finden wir im Verlauf eines einzigen Erdenlebens Situationen vor, von denen die einen Ursachen und die anderen Folgen sind, doch wir wissen sie nicht voneinander zu unterscheiden. Deshalb erscheinen uns so viele Ereignisse vollkommen zusammenhangslos und sinnlos.

Man bemerkt ein Ereignis von gestern oder heute, aber man weiß nicht, woher es kommt, und oft befindet sich die Ursache nicht dort, wo man sie sucht, denn wie viele Tatsachen bleiben unbekannt oder unverstanden! Auch die Arbeit eines Historikers beschränkt sich oft auf Beobachtungen. Selbst wenn er zu erkennen versucht, wie bestimmte Ereignisse zusammenhängen: Wer kann behaupten zu entdecken, was sich wirklich in den Gehirnen und Herzen der Menschen abgespielt hat, wo diese Ereignisse ihren Ursprung haben? So viele Entscheidungen wurden im Geheimen getroffen und ausgeführt! So viele Lügen sind von denjenigen erzählt worden, die vermeiden wollten, dass man ihre Machenschaften entdeckt! Und so viele andere wollten Lügen verbreiten! Von Zeit zu Zeit findet man Dokumente und macht verblüffende Entdeckungen, die notwendigerweise dazu führen, bestimmte Urteile zu überdenken. Doch für die Menschen bleibt ihre eigene Geschichte immer teilweise ein Rätsel.

Ihr werdet überrascht sein, wenn ich euch sage, dass die wahre Kenntnis der Geschichte der Menschen unendlich geduldigen Wesen vorbehalten ist, Wesen die nicht sterben. Und es gibt sie, ja! Es gibt unsterbliche Geister, die mit der Aufzeichnung aller Ereignisse im Universum und auf der Erde beauftragt sind. Es scheint unglaubhaft, aber es ist wahr. Es handelt sich nur um Wirklichkeiten aus einer anderen Dimension.

Es ist also die Kürze ihres Lebens, welche die Menschen hindert, eine richtige Sicht und ein richtiges Verständnis der Ereignisse zu haben: Ihre Ursachen und ihre Konsequenzen entgehen ihnen, und deshalb sind sie ungeduldig. Die Tugend der Geduld erwirbt man durch das Bewusstsein der Zeit. Man ist ungeduldig, lehnt sich auf und zieht übereilte Schlüsse, indem man überall Unrechtes und Ungerechtigkeit sieht: Böse, die nicht bestraft werden, Gute, die nicht belohnt werden, Unglück, das auf die Unschuldigen fällt und Glück für diejenigen, die nichts getan haben, um es zu verdienen. Wer geduldig ist und sieht, wie das Gesetz von Ursache und Wirkung wirkt, wird dagegen beobachten, dass alles gerecht ist und einen Sinn hat.

Ihr werdet sagen: »Ja, natürlich, man kann sehen, man kann verstehen, aber wo und wie soll man die Kraft finden, die Dinge zu ertragen?« In der Liebe. Die Geduld führt Gerechtigkeit und Liebe zusammen und versöhnt sie. Sie harmonisiert ihre gegensätzlichen Tendenzen. Denn die Gerechtigkeit ist unerbittlich, während die Liebe nachsichtig und barmherzig ist. Die Geduld gibt euch die Möglichkeit, die Arbeit der Gerechtigkeit zu verstehen: Wie sie die Kriminellen bestraft und die Opfer weit über jene Leiden hinaus tröstet, denen sie eine Zeit lang ausgesetzt waren.

Doch zu wissen, dass die Bösen eines Tages für ihre Fehler bestraft werden, darf euch nicht hindern, sie zu lieben.[2] Ja, ihr müsst in ihnen jene Geschöpfe Gottes lieben, die schwer auf dem Weg der Evolution vorankommen und dieser Gedanke wird euch ermöglichen, sie besser zu ertragen. Beobachtet euch: Wenn jemand, den ihr liebt, Fehler begeht, gelingt es euch, geduldig und nachsichtig zu sein. Bei jemandem, den ihr nicht liebt, reizen euch selbst seine guten Handlungen und irritieren euch so sehr, dass ihr ihm schlechte Absichten unterstellt. Nur die Liebe kann euch Geduld geben und euch die Augen gegenüber den Absichten der anderen öffnen.

Die Geduld ist auch eine Äußerung der Kraft. Wer stark ist, lässt sich nicht durch das Verhalten der Menschen in seiner Umgebung erschüttern, während der Schwache nichts aushält. Die kleinste Unannehmlichkeit bringt ihn außer sich. Man sieht Menschen wegen winziger Kleinigkeiten in eine unglaubliche Wut geraten! Und oft sind es die gleichen, die fast gleichgültig gegenüber den ungeheuerlichen Ungerechtigkeiten sind, die andere erleiden müssen. Was die Menschen ertragen und was sie nicht ertragen... für mich ist das ein Kriterium: Ich sehe, an welcher Stelle sie auf dem Entwicklungsweg sind.

Ihr werdet sagen: »Aber muss die Geduld nicht Grenzen haben? Müssen wir alles ertragen?« Eines Tages habe ich diese Frage Meister Peter Danov gestellt und er hat Folgendes geantwortet: »Wenn dir jemand auf den Rücken steigt, musst du geduldig bleiben, wenn er dich mit Fliegen- und Mückenschwärmen bewirft, musst du auch geduldig bleiben. Wenn er aber deine Augen bedroht, wenn er seine Hände auf deine Augen legt, während du dich fortbewegst, dann darfst du dies nicht akzeptieren.«

Was bedeutet das? Dass wir uns im täglichen Leben anstrengen müssen, die Lasten zu tragen, welche die anderen auf unseren Rücken laden, dass wir auch geduldig sein müssen, wenn sie uns das Leben schwer machen und uns gegenüber ungerecht sind. Das Einzige, was wir nicht akzeptieren dürfen, ist, wenn sie uns hindern, den rechten Weg zu sehen und ihm zu folgen. Wir dürfen nicht geduldig mit denen sein, die durch ihre Worte oder ihr Verhalten versuchen, in uns den Tempel Gottes zu zerstören, unser Licht auszulöschen oder unsere Verbindung mit dem Schöpfer zu unterbrechen. In diesem Fall müssen wir uns mit aller Kraft widersetzen.[3]

Ihr werdet sehr viel gewinnen, wenn ihr euch bemüht, diese Tugend der Geduld zu verstehen und zu praktizieren. Wenn eure persönlichen Interessen und euer Ruf bedroht sind, müsst ihr geduldig sein; und nicht nur geduldig sein, sondern auch dem Himmel danken, dass er euch Gelegenheit gibt, euch intelligent zu zeigen. Ihr solltet sogar über die Naivität derjenigen lachen, die glauben, euch schaden oder euch beherrschen zu können, denn in Wahrheit ermöglichen sie es euch, die Dinge besser zu verstehen, sie zwingen euch, sich auf das Wesentliche zu konzentrieren. Wie oft passiert es mir, dass ich innerlich lachen muss, wenn ich Leute sehe, die damit beschäftigt sind, mir Kummer zu bereiten und die sich auch noch einbilden, ich würde nichts bemerken! Ich lasse sie weitermachen und versuche nur, in mich selbst einzukehren, zu einem Ort, zu dem sie keinen Zugang haben.

Wenn jemand aus dem Bedürfnis, sein Territorium oder seinen Einfluss zu vergrößern, versucht, sich in eure Angelegenheiten einzumischen, euch zu verdrängen, so wisst, dass ihr immer die Möglichkeit habt, euch in die Höhe hinaufzuschwingen oder in die Tiefe eures Wesens hinabzusteigen. Und lasst dort niemanden eintreten, verteidigt euch, denn euer innerer Raum ist der Raum der Gottheit. Ihr sollt nicht eure persönlichen, egoistischen Rechte verteidigen, sondern das göttliche Recht in euch verteidigen, das heißt niemals die Regeln der Liebe, der Weisheit und der Wahrheit verletzen, indem ihr an etwas teilnehmt, das eurer Vervollkommnung, oder der der anderen, schaden kann.

»Wenn jemand deine Augen bedroht, wenn er seine Hände auf deine Augen legt, während du dich fortbewegst, dann darfst du dies nicht akzeptieren.« Unsere Augen sind das Symbol des heiligen und göttlichen Ortes, der respektiert und geschützt werden muss, denn durch sie empfangen wir das Licht. Sagt man nicht von einem geliebten Menschen oder einem wertvollen Gegenstand, dass man ihn »wie seinen Augapfel« hütet? Ihr habt jedes Recht, ungeduldig zu sein, wenn jemand eure Augen bedroht, euer inneres Leben, euer göttliches Leben. Indem ihr also über die Erfahrungen nachdenkt, die ihr gemacht habt oder die Personen, die euch begegnet sind, über die Situation, in der ihr euch gegenwärtig befindet, versucht herauszufinden, wann ihr geduldig sein müsst und wann ihr ablehnen müsst, was man euch aufdrängen will.

Man sieht überall Leute, die - ohne sich zu kümmern - den Kräften des Bösen zusehen, wie sie ihr zerstörerisches Werk auf andere ausüben, während sie eine ganze Armee in Bewegung setzen, sobald ihr eigenes Interesse bedroht ist. Dafür werden sie eines Tages streng verurteilt werden. Die göttliche Gerechtigkeit wird ihnen vorwerfen: »Ihr habt euch gegen das kleinste Unrecht aufgelehnt, das man euch zugefügt hat, und gleichzeitig wart ihr gleichgültig gegenüber all den Schändlichkeiten, welche die anderen erleiden mussten. Auf eine gewisse Weise habt ihr also dazu beigetragen.« Und es wird ihnen nichts helfen, wenn sie versuchen, sich zu rechtfertigen: »Ich wusste das nicht.« Man muss es wissen.

Jeder versucht seine Angelegenheiten zu regeln, indem er sich auf sein gutes Recht beruft. Doch man muss dies ein wenig beiseite lassen. Wer immer sein gutes Recht gelten lässt, macht viel Lärm und ist am Ende oft genauso ungerecht und manchmal sogar noch mehr, als diejenigen, über die er sich beschwert. Ihr folgt einer spirituellen Lehre, um zu lernen, wie ihr auf die beste Art und Weise eure Angelegenheiten in Ordnung bringt. Denn wisst, dass in Zukunft die gegenwärtigen Gesetzesbücher nicht mehr gelten werden. Die Gerichte werden kaum noch die Beschwerden von denjenigen beachten, die vorgeben, ihre persönlichen Interessen seien verletzt worden. Stattdessen werden sie unverzüglich auf alle Anfragen reagieren, die das gemeinsame Interesse, das göttliche Recht betreffen. Bis es so weit ist, geduldet euch, indem ihr wisst, dass die göttliche Gerechtigkeit, auch wenn es lange dauert, sich früher oder später durchsetzt.

Man darf jedoch nicht die Geduld mit dem Ausbleiben einer Reaktion verwechseln. Es gibt gewisse Taten, gewisse Worte, die euch wütend machen, und ihr unternehmt nichts. Ihr bleibt ruhig, aber innerlich kocht ihr vor Wut und Empörung. Das ist zum Beispiel sehr häufig der Fall, wenn ihr euch der Autorität eines Vorgesetzten beugen müsst. Selbst wenn er sie missbraucht, ertragt ihr es, ohne etwas zu sagen, weil ihr wisst, dass im Falle eines Protests die Situation nur schlimmer würde. Doch ihr verzehrt euch innerlich. Nun, das ist nicht Geduld. Geduld, wahre Geduld wird von einem Gefühl der Kraft und des Friedens begleitet.

Geduld ist noch nie eine sehr verbreitete Tugend gewesen, und sie ist es heutzutage immer weniger. Die Art, wie man das Leben versteht, und der Zwang, dass alles schneller gehen muss, bewirken, dass man Geduld als Bremse sieht und geduldige Menschen als Dummköpfe, als zu weiche und träge Leute. Was sagen beschäftigte und in Geschäfte vertiefte Menschen über geduldige Leute? Sie betrachten sie einfach wie wiederkäuende Kühe. Ein fähiger Mensch muss zeigen, wie eilig er es hat: eilig Dinge unternehmen, eilig Erfolg haben. Man muss die Konkurrenten durch Schnelligkeit übertreffen, man muss der Erste sein, um einen Platz einzunehmen, ohne sich um die Schäden zu kümmern, die man seiner Umgebung zufügen kann... Doch man verursacht auch Schäden in sich selbst. Diese Spannung, diese Hast können nur bedauerliche Folgen haben: Hektik, Reizbarkeit, usw. Ein bulgarisches Sprichwort lautet: »Nur wer bis zum Schluss wartet, wird gerettet!«

Übt also, bis zum Schluss zu warten. Wie? Schon indem ihr aufrichtig versucht, diese Eigenschaft der Geduld zu erlangen. Denn beobachtet euch: selbst wenn ihr manchmal sagt: »Oh! Ich hätte geduldiger sein sollen... Ich sollte inzwischen dies oder jenes besser ertragen«, so findet ihr doch in Wahrheit immer eine Entschuldigung, sobald ihr die Geduld verliert. Also fangt damit an, dass ihr euch niemals rechtfertigt, die Geduld verloren zu haben, und konzentriert euch anschließend auf diese Tugend. Denkt an die Geschöpfe, die in den verschiedenen Traditionen für Geduld stehen: der Ochse, die Ameise, der Fisch, die Schildkröte, der Elefant... Ihr werdet sagen: »Aber das sind Tiere!« Ja, das ist wahr, es sind Tiere, aber diese Geschöpfe Gottes können uns auch etwas lehren. Es ist kein Zufall, dass gewisse Religionen die Tiere zu Gottheiten erhoben haben. Diese Tiere haben Besonderheiten, Charakterzüge, die ein Echo in den Menschen hervorrufen. Und Jesus, der sagte: »Seid vollkommen wie euer Vater im Himmel vollkommen ist«, hat auch gesagt »Seid klug wie die Schlange und ohne Falsch wie die Taube« (Mt. 10,16).

Denkt auch an den Fels, welcher der Witterung ausgesetzt ist oder an den Baum, der langsam wächst, indem er seine Wurzeln in die Erde gräbt. Der Obstbaum lässt sich jedes Jahr seine Äste beschneiden, ohne sich zu beschweren, und deshalb bringt er köstliche Früchte hervor.

Wenn sie auch selten sind, so gibt es doch einige geduldige Menschen. Nehmt euch ein Beispiel an ihnen. Beobachtet, was sie alles ertragen mussten und wie sie reagiert haben. Die Geduld ist eine der guten Eigenschaften von Saturn, ein Symbol des Greises, der viel erlebt, viel nachgedacht und viel verstanden hat. Natürlich kann man nicht so viel Geduld von den Kindern verlangen. Diese Eigenschaft kommt mit dem Alter und vor allem dem hohen Alter. Ein ungeduldiger Greis zeigt, dass er nicht viel vom Leben gelernt hat.

Die Geduld birgt wunderbare Kräfte. Seid geduldig und ihr werdet lange leben. Ihr werdet sagen: »Aber das ist unmöglich, man muss so viel Energie aufwenden, um schwierige Situationen und Menschen zu ertragen!« Nein, im Gegenteil. Ihr verschwendet viel Energie durch Ungeduld.[4] Ruhe und Geduld stärken die Vitalität und verlängern das Leben. Wer nach einem Wutanfall ausruft: »Ah! Ich fühle mich besser!« ist sich nicht klar darüber, dass dieses »besser« in Wahrheit ein großer Verlust ist. Er sollte sich besser beobachten, um zu wissen, was sich in ihm besser fühlt: seine höhere Natur oder seine niedere Natur? Und wenn er einen Moment später an diesen Wutanfall zurückdenkt, ist er dann wirklich zufrieden? Sagt er sich nicht, dass er sich hätte besser beherrschen sollen?

Versucht in euch die Wirksamkeit dieser Tugend, der Geduld zu erproben. Anstatt auf alle möglichen Arten von Sirups, Arznei-Tränken und Elixieren zurückzugreifen, trinkt Geduld! Sie ist es, welche die Lebenskräfte erweckt, diese ungeahnten Kräfte... Die Geduld wirkt durch die Zeit, und mit der Zeit wird alles, was ihr erlebt habt, zu einer Quelle der Bereicherung und Freude. Denn nichts kommt von nichts, alles kann einen Sinn haben, aber ihr müsst ihn finden. Und wenn ihr ein Leid erduldet, egal welcher Art, dann bleibt mit euren Gedanken nicht daran haften. Begebt euch gedanklich in die Zukunft und sagt euch, dass ihr bald vergessen habt, was euch heute so viel Leid bereitet. Und wenn es euch nicht möglich ist, es zu vergessen, werdet ihr es mit anderen Augen sehen.

Ich kann euch auch noch andere Übungen geben, wie zum Beispiel sich die Hände zu waschen und anschließend die Ohrläppchen zu berühren und langsam nach unten zu ziehen. Oder aber sich den Solarplexus (Sonnengeflecht) entgegengesetzt zum Uhrzeigersinn zu massieren.[5]

Wartet jedoch nicht, bis ihr große Schwierigkeiten durchmachen, große Verluste und Unglück erleiden müsst, bis ihr euch in Geduld übt. Schon im täglichen Leben fehlt euch die Geduld, und dieser Mangel an Geduld verhindert, dass eure guten Eigenschaften zum Ausdruck kommen. Bemüht euch jeden Tag, etwas mehr von dieser Fähigkeit zu gewinnen und die Dinge zu ertragen. Anstatt sofort auf Worte oder Ereignisse zu reagieren, lasst Stille in euch einkehren und atmet tief, um alle Kräfte des Friedens, der Harmonie und des Lichts herbeizurufen. Sie werden euch helfen, die beste Haltung zu finden.[6]

Mit dem Atem zu arbeiten, ist so wichtig! Deshalb könnt ihr auch morgens während der Atemübungen innerlich das Wort »Geduld« wiederholen und euch von seinem Sinn, seiner Schwingung und seiner Aura durchdringen lassen. Und wenn ihr dieses Wort aussprecht, fügt ihm ein Bild hinzu, das seine Kraft derart verstärkt, dass diese Tugend schließlich euer ganzes Bewusstsein durchdringt.

Anmerkungen

1. Siehe Band 239 der Reihe Izvor »Die Liebe ist größer als der Glaube«, Kapitel 7: »Bewahrt euren Glauben an das Gute«.
2. Siehe Band 31 der Reihe Gesamtwerke »Leben und Arbeit in einer Einweihungsschule«, Kapitel 8: »Wie man über die Vorstellung von Gerechtigkeit hinauswächst«.
3. Siehe Band 233 der Reihe Izvor »Eine Zukunft für die Jugend«, Kapitel 2: »Die Grundlage unserer Existenz ist der Glaube an einen Schöpfer«, Kapitel 3: »Der Sinn für das Heilige«, Kapitel 9: »Erkennt, wonach Seele und Geist streben« und Kapitel 10: »Die göttliche Welt ist unsere innere Welt«.
4. Siehe Band 237 der Reihe Izvor »Das kosmische Gleichgewicht - Die Zahl 2«, Kapitel 11: »Das Dreieck Kether-Chesed-Geburah«.
5. Siehe Band 219 der Reihe Izvor »Geheimnis Mensch – Seine feinstofflichen Körper und Zentren«, Kapitel 3: »Das Sonnengeflecht«.
6. Siehe Band 303 der Reihe Broschüren »Die Atmung – Spirituelle Dimensionen und praktische Anwendungen«.

Kapitel 13

»Und ihr werdet alle Menschen auf den Weg der Freude mitziehen«

Die meisten Leute meinen, dass nichts wertvoller ist, als eine Familie und Freunde zu haben und mit seiner Umgebung in Harmonie zu leben. Und doch gibt es so viel Zwietracht in den Familien und so viele getrennte Freundschaften, Beziehungen und Verbindungen! Warum? Weil jeder seine Ansichten und Neigungen durchsetzen möchte. Denn die Neigungen und Ansichten der einen stimmen nur selten mit denen der anderen überein, selbst innerhalb einer Familie. Ihr werdet sagen, dass man sich seine Familie nicht aussucht, wohingegen man als Ehemann oder Ehefrau und als Freunde die Personen auswählt, mit denen man eine Ähnlichkeit verspürt. Nun, warum gibt es dann auch gerade da diese Trennungen, durch welche die einen und die anderen zerrissen und geteilt werden?

Jeder fühlt sich spontan zu den einen oder den anderen hingezogen, weil er sie sympathisch, angenehm, amüsant, originell oder verführerisch findet, oder er weiß nicht einmal warum und diese Anziehung wirkt unabhängig von moralischen Werten.

Das ist natürlich. Doch das darf einen nicht daran hindern, zu versuchen die Personen besser kennenzulernen, mit denen man eine Verbindung eingehen will, denn Freundschaft und Liebe setzen Vertrauen voraus. Und wenn man nicht weiß, worauf man in den anderen vertrauen kann, kann man nicht mit einer dauerhaften Freundschaft oder Liebe rechnen.

Bevor ihr mit jemandem eine Verbindung eingeht, fragt euch, was in ihm solide und dauerhaft ist.[1] Jeder Mensch hat verschiedene Eigenschaften und Tugenden, die er je nach den Umständen mehr oder weniger zeigt. Doch er hat auch andere Eigenschaften, von denen ihr sicher sein könnt, dass er sie immer zum Ausdruck bringt, was auch immer geschieht. Versucht sie zu finden, um zu wissen, worauf ihr zählen könnt. Was die Schwächen angeht, so verhindern sie nicht, dass ihr eine Zuneigung für ihn habt, aber ihr müsst sie auch kennen, damit ihr nicht den Enttäuschungen und Missverständnissen ausgeliefert seid.

Geht also keine Beziehung nur wegen einer einfachen Anwandlung von Sympathie ein – oder wenn ihr es tut, wisst, was euch erwartet. Denn nachher wird es euch nichts nützen, euch überall zu beschweren, dass diese oder jene Person euch enttäuscht hat. Ihr wollt lieben und geliebt werden? Das ist vollkommen normal! Aber wenn ihr wollt, dass für euch, wie auch für diejenigen, welche euch lieben, die Liebe immer eine Quelle der Freude sei, so lernt wenigstens, eure Beziehungen auszuwählen und vor allem, sie beizubehalten. Und um sie beizubehalten, achtet vor allem darauf, was ihr sagt. Manchmal reichen einige negative Worte aus, um Jahre wunderbaren Einklangs zu zerstören. Natürlich bedeutet dies Anstrengung, aber versucht, genau auf die geringsten Worte zu achten, die ihr aussprecht, denn jedes dieser Worte hinterlässt Spuren.

Jemand sagt: »Ich bin ehrlich, ich sage, was ich denke, vor allem meinen Freunden gegenüber«. Er zerstört alles auf seinem Weg und wundert sich hinterher, dass er seine Freunde verliert! Die Ehrlichkeit ist sicherlich eine Tugend, aber es gibt keinen Grund, auf diese Art von Ehrlichkeit stolz zu sein. Fragt man sich auch, ob seine Gedanken gerecht sind? Nein. Und außerdem, warum sollte man es auch tun? Ist die Gedankenfreiheit nicht eine große Errungenschaft der Menschheit? Wie viele Männer und Frauen haben jahrhundertelang dafür gekämpft, dass diese Freiheit anerkannt wird!

Einverstanden, die Gedankenfreiheit ist eine wertvolle Sache, aber nur wenn man wirklich weiß, was der Gedanke ist. Wie viele Leute nennen jede Äußerung ihres Intellekts - über alles, was ihnen gefällt oder missfällt - Gedanken! Oh nein, sie irren sich. Der wahre Gedanke fängt nicht einmal auf der Mentalebene an, sondern auf der Kausalebene, der Ebene der großen und ewigen Gesetze. Die erste Idee oder der erste Eindruck sind noch kein Gedanke. Und viele, die behaupten, zu sagen, was sie denken, sollten verstehen, was sie wirklich denken. Sie würden schweigen oder nur sprechen, nachdem sie sich gefragt haben, wie viel ihre Meinung überhaupt wert ist.

Ihr wollt gute Beziehungen zu eurer Familie, euren Freunden und eurer ganzen Umgebung haben? Ihr wollt mit ihnen glücklich sein und wollt, dass sie glücklich mit euch sind? Seid aufmerksam, was ihr sagt. Und wenn ihr mit jemandem, der euch nahe steht, über ein heikles Thema sprechen wollt, das ihn betrifft, denkt zuerst gut nach. Übrigens ist es im Allgemeinen bei jedem Thema vorzuziehen, die Worte gut abzuwägen und vor allem nicht »Schlag auf Schlag« zu antworten. Denn oft, wenn man spricht, ohne sich Zeit genommen zu haben, darüber nachzudenken, vergisst man sehr schnell, was man gesagt hat. Doch die Personen, mit denen man gesprochen hat, vergessen es nicht.

Ich habe vor einigen Jahren ein seltsames Phänomen beobachtet. Fast jeden Tag hörte ich Beschwerden über eine bestimmte Schwester aus unserer Bruderschaft. Sie war sehr impulsiv und kritisierte ohne Unterlass. Eines Tages entschied ich mich, einzugreifen. Ich erklärte ihr die Unordnung und die Unzufriedenheit, die ihr Verhalten hervorrief. Doch sie verstand nicht. Sie sah mich überrascht an (ich habe an ihrem Ausdruck erkannt, dass sie tatsächlich überrascht war) und rief schließlich aus: »Aber ich verstehe nicht, warum man da solche Geschichten macht! Sobald ich gesagt habe, was ich zu sagen hatte, ist es vorbei, ich vergesse es, ich denke nicht mehr daran...« Nur weil sie selbst vergaß, verstand sie nicht, warum die anderen sich erinnerten, und außerdem glaubte sie, die anderen seien auch noch im Unrecht! Ich war verblüfft über diesen Mangel an Bewusstsein.

Sei es mit der Familie, den Freunden, den Arbeitskollegen usw. oder sogar mit Unbekannten: Die menschlichen Beziehungen sind etwas sehr Kompliziertes. Meistens leidet jeder und lässt die anderen leiden. Wenn man Harmonie und Einklang beibehalten will, sollte man sich selbst ein wenig vergessen und seinen Gesichtspunkt, seine Ansicht nicht immer in den Vordergrund stellen, sondern vielmehr verständnisvoll, nachsichtig und geduldig sein. Dies ist ein Opfer, aber das Opfer ist eine Kraft, ja, und eben vor dieser großartigen Idee solltet ihr euch beugen. Natürlich gibt es da etwas in euch, das protestiert. Das Opfer schließt Zwänge und Verluste ein. Doch wisst, dass es nur eure niedere Natur ist, die leidet. Eure höhere Natur freut sich.[2]

Indem man aufhört, alles auf sich zu beziehen, auf seine Meinungen, seine Gefühle, sein Verlangen, ernährt man ein hohes und lichtvolles Ideal, das alles absorbiert und das die tausend Schwierigkeiten, denen man jeden Tag in den Beziehungen mit anderen begegnet, verschwinden lassen wird. Macht diese Anstrengungen und ihr werdet eines Tages diese Schwierigkeiten nicht einmal mehr spüren. Und selbst wenn ihr sie spürt, werden sie euch nicht mehr aufregen und indem ihr sie überwindet, werdet ihr eure Menschenkenntnis vertiefen und den Menschen besser helfen können.

Ich hatte eines Tages Besuch von einer Dame, die mir anvertraute, dass sie nicht mehr wisse, was sie mit ihrem Ehemann tun sollte. Er hörte nicht auf, sie wütend zu machen, sagte sie mir, und sie überhäufte ihn nicht nur mit Beschuldigungen und Beleidigungen, sondern es passierte ihr sogar, dass sie ihn schlug! Ihr seid überrascht. Im Allgemeinen passiert eher das Gegenteil. Also sie beleidigte und schlug ihren Mann, der scheinbar kaum reagierte. Ich glaubte zu verstehen – denn ich habe ihn nie gesehen –, dass er psychisch sehr labil war.

Ich fing an, dieser Dame die Grausamkeit und Nutzlosigkeit ihres Verhaltens zu zeigen und sie versprach mir, sich zu ändern, was sie nicht tat. Sie sagte mir: »Ich verdächtige ihn, dass er eine Geliebte hat. Was glauben Sie?« Was konnte ich schon darüber denken? Ich beschäftige mich nicht damit, durch Karten oder Kristallkugeln die Untreue von Ehemännern und -frauen zu erraten. Jedenfalls, selbst wenn ich wissen können hätte, ob ihr Ehemann sie betrog, so hätte ich mich wohl gehütet, ihr dies zu sagen. Ich habe ihr nur erklärt, dass sie, indem sie sich ständig solche Fragen stellte, nicht nur ihrem Mann schadete, sondern sich selbst auch innerlich zerstörte. Und ich habe ihr geraten, sich mit anderen Dingen zu beschäftigen, zu lesen, zu musizieren oder eine Fremdsprache zu lernen. Man kann sich für so viele Dinge im Leben interessieren! Aber nein, es ging immer um sie und ihren Mann... ihr Mann und sie... Was soll man mit solchen Leuten anstellen, die den anderen das Leben unmöglich machen und ihr eigener Henker werden?

Das persönliche Leben ist so etwas Kleinliches, man darf es nicht zum Zentrum seiner Beschäftigungen machen. Was sind eure kleinen Probleme im Vergleich zur Unendlichkeit und zum Reichtum dieses Lebens, das euch eine spirituelle Lehre gibt? Wenn ihr ständig euern Blick auf euch selbst richtet, auf das, was euch gefällt oder missfällt, euch passt oder nicht passt, werdet ihr euch niemals wirklich an die Arbeit machen, und ihr bleibt immer unter einem Haufen unwichtiger Dinge begraben. Hört auf, euch um euch selbst zu drehen oder um euren Partner, eure Kinder, eure Verwandten und Nachbarn... Glaubt ihr, dass die Sterne ihren Blick auf euer familiäres oder soziales Leben richten? Es ist eure Aufgabe, euren Blick zu den Sternen zu lenken, es wird euch selbst dann besser gehen und den anderen auch.[3]

Wenn man anfängt, ernsthaft eine spirituelle Lehre zu studieren, zu meditieren, zu beten, sieht man die Realität mit anderen Augen, denn man nimmt zu den Menschen und den Situationen eine gewisse Distanz ein. So wird man nicht nur weniger von den Schwächen und Mängeln der anderen beherrscht, sondern man entdeckt an ihnen auch bis dahin unbemerkte Qualitäten. Das »Paradies auf Erden« gibt es nicht, und wohin ihr auch geht, selbst am besten Ort, werdet ihr unvollkommene Menschen finden und Gründe, euch zu beschweren. Wenn ihr nur das sehen wollt, findet ihr natürlich jeden Tag etwas, um verärgert zu sein und zu leiden. Ja, aber das Besondere am Menschen ist seine Fähigkeit, nicht den Bedingungen unterlegen zu bleiben. Sein inneres Leben ist ein Raum, den er immer gut einrichten kann.

Man hört die Menschen oft sagen: »So einer?... Aber mit dem rede ich nicht mehr!...«, während sie die verschiedenen Gründe aufzählen, die rechtfertigen, warum sie ihn nicht einmal mehr grüßen. Und sie sagen das in einem sehr zufriedenen Ton, als wenn sie Grund dazu hätten, auf diese Entscheidung stolz zu sein. Und so streiten sie sich mit ihren Kollegen, Nachbarn, Freunden und sogar mit ihren Familienmitgliedern. Oh nein, es gibt nichts Lobenswertes in solchen Abbrüchen. Wenn man dagegen versucht, die Beziehungen mit seiner Umgebung zu verbessern, entwickelt man die wahre Macht, von welcher der eigene Erfolg abhängt.

Es gibt ein Kriterium, das euch erlaubt zu beurteilen, wie weit ihr innerlich entwickelt seid. Dieses Kriterium ist die Fähigkeit, euch an dem zu freuen, was den anderen an Gutem geschieht.

Im Allgemeinen ist es schwierig, sich über den Erfolg und das Glück der anderen zu freuen und vor allem, wenn sie dort Erfolg haben, wo man selbst gescheitert ist. Im Gegenzug ist man großmütig, wenn man die anderen unglücklich sieht. Da erwachen die guten Gefühle, das Mitleid, das Mitgefühl, das Bedürfnis zu trösten, ihnen zu helfen. Man kann das selbst in den Familien beobachten, wo die Brüder und Schwestern sich gegenseitig beneiden und versuchen, zum Nachteil der anderen zu glänzen. Wenn aber einer von ihnen krank wird, einen Unfall hat oder Opfer von Ungerechtigkeit wird, vergessen sie meistens ihre Rivalität und versammeln sich um den Betroffenen, um ihn zu unterstützen und ihm zu helfen.

Die Menschen sind unglaublich! Man könnte meinen, dass sie, um in sich gute Gefühle zu erwecken, die anderen leiden sehen müssen. Es gibt sogar Fälle, in denen Menschen Mitglieder ihrer Familie oder Freunde quälen, um sie anschließend trösten zu können. Die anderen müssen weinen und zusammenbrechen, damit sie ihnen gegenüber eine großzügige Empfindung verspüren.

Ich habe sogar Mütter gesehen, die nicht ertragen konnten, dass ihre jugendliche Tochter hübsch wird und alle Blicke anzieht. Manche Mütter erwecken in den Töchtern sogar grausamerweise Komplexe, indem sie wiederholen, sie seien hässlich und nicht anmutig. Doch beim ersten Liebeskummer nehmen sie sie in die Arme, liebkosen sie sie und versprechen ihnen den strahlenden Prinzen!

Eine Frau hat mir sogar eines Tages eingestanden, dass sie glücklich sei, nur Söhne gehabt zu haben, weil sie niemals eine junge und hübsche Tochter ertragen hätte, während sie selbst älter werden würde und nicht mehr so anziehend wäre. Ich habe nichts geantwortet, aber ich dachte, dass sie noch nicht zu Ende gelitten hatte, selbst mit ihren Söhnen. Was hätte sie gemacht, wenn sie eines Tages junge, gleichaltrige Freundinnen heimgebracht hätten? Ganz zu schweigen von all den Anlässen im Leben, in denen die Schönheit, der Erfolg, die Fähigkeit und das Talent der anderen sie in den Schatten stellen würden...

Ich weiß, dass ihr alle dieses Thema kennt, ja, aber habt ihr euch genügend damit beschäftigt, um zu beschließen, über eure Gedanken und Gefühle zu wachen? Bemüht euch zu analysieren, was ihr bei der Nachricht über glückliche oder unglückliche Ereignissen im Leben der anderen empfindet. Wenn es nicht gerade um einen Henker oder ein Monster geht, gibt es kaum Menschen, die, wenn sie von jemandes plötzlichem Tod hören, sagen: »Das ist sehr gut. Schön, dass wir ihn los sind, er hat nur bekommen, was er verdient!« Dagegen fangen sie oft an, alle möglichen guten Eigenschaften bei denjenigen zu finden, bei denen sie bisher nur die Schwächen sahen. Das ist ein bisschen spät, was nutzt es ihnen jetzt noch? Angesichts des Todes, schwerer Krankheit oder großem Unglück, wenn die anderen sie nicht mehr in den Schatten stellen können, werden sie natürlich verständnisvoller und nachsichtiger, ohne sich auch nur anstrengen zu müssen.

Beobachtet also eure Reaktionen und lernt, euch an allem zu erfreuen, was den anderen Schönes und Gutes passieren kann. Sie werden es spüren und euch noch mehr lieben. Doch es wird für euch auch ein Kriterium sein, und nichts ist wichtiger für eure eigene Entwicklung.[4] So wisst ihr, dass es euch gelungen ist, von der Astral- und Mentalebene loszukommen – von den egoistischen Gefühlen und Gedanken – um euch bis zur Kausal- und Buddhiebene zu erheben, wo Weisheit und Liebe herrschen, die allein fähig sind, euch die wahre Freude zu geben...

Und eines Tages werdet ihr alle Menschen auf den Weg der Freude mitziehen.

Anmerkungen

1. Siehe Band 239 der Reihe Izvor »Die Liebe ist größer als der Glaube«, Kapitel 10: »Worauf das wahre Vertrauen gründet«.
2. Siehe Band 213 der Reihe Izvor »Die menschliche und göttliche Natur in uns«.
3. Siehe Band 229 der Reihe Izvor »Der Weg der Stille«, Kapitel 13: »Die Offenbarungen des Sternenhimmels«.
4. Siehe Band 231 der Reihe Izvor »Saaten des Glücks«, Kapitel 15: »Für Selbstsüchtige gibt es kein Glück« und Kapitel 19: »Der Garten von Seele und Geist«.

Kapitel 14

Sich immer wieder einen neuen Gipfel als Ziel nehmen

Zwei Menschen begegnen sich: »Wie geht's? – Danke, gut«, und wenn sie sich gut genug kennen, geben sie sich Küsschen, aus Gewohnheit, ganz mechanisch. Dann gehen sie auseinander, weil sie es eilig haben und schon wissen sie nicht mehr, ob sie sich geküsst haben. Sie finden nichts Unnormales daran, alles schnell und unbewusst zu machen, selbst sich zu küssen, und sie sind hinterher überrascht, dass die Beziehungen mit denen, die sie doch ihre Freunde nennen, ihnen nicht viel bringen.

Ihr begegnet jemandem. Ist es zunächst einmal so wichtig, dass ihr euch Küsschen gebt? Aber wenn ihr es tut, und selbst wenn ihr es nicht tut, legt wenigstens für einige Sekunden eure Gedanken und eure Seele in diese Begegnung. So wird euch noch für lange Zeit ein guter Nachgeschmack, ein Duft erhalten bleiben.

Sich die Hände zu geben, sich zu küssen, sich »mein Liebling« oder ähnliche Worte zu sagen, verlangt nach einer besonderen Aufmerksamkeit. Wenn man es mechanisch tut, so ist es sinnlos, und nicht nur sinnlos, sondern sogar schädlich. Denn diese Form von mangelndem Bewusstsein hat einen schlechten Einfluss auf die Psyche. Wenn man jemandem die äußerlichen Zeichen von Zuneigung gibt, ohne seine Gedanken, seine Seele hineinzulegen, wird der, der sie gibt, wie auch der, der sie empfängt, etwas verlieren. Dieses »Etwas« ist natürlich subtil und unwägbar. Aber das Wesentliche für unsere Freude, für unser Aufblühen, ist immer unwägbar. Ein Blick, ein Moment der Stille, ein Lächeln, in dem sich die Seele ausdrückt, kann viel mehr bringen, als jede konkretere Äußerung: das Händeschütteln, die Küsse oder selbst Geschenke.

Die wahre Liebe ist eine Schwingung von höchster Subtilität, und um diese Schwingung auszustrahlen, wie auch um sie zu empfangen, braucht es viel Aufmerksamkeit und viel Wachsamkeit. Nichts ist wichtiger, als zu wissen, wie man Liebe gibt und empfängt. Wer dies verstanden hat, fühlt eine solche Fülle, eine solche Freude, dass alles andere dagegen verblasst. Im lebendigen und bewussten Austausch mit den anderen findet er einen solchen Reichtum, dass ihm Gefühle wie Neid, Eifersucht, Herrschsucht und der Drang nach sozialem Erfolg – die ihn ständig in Konflikte mit den anderen bringen – gleichgültig sind. Die Liebe ist etwas vollkommen anderes als diese Anziehung, die zwei Menschen plötzlich aneinanderzieht und bewirkt, dass sie wieder auseinandergehen, sobald die Anziehung nachlässt, um dann woandershin geführt zu werden.

Sobald ihr wisst, was die wahre Liebe ist, werdet ihr aus jeder Begegnung reinere, wärmere, lichtvollere und unsterbliche Elemente ziehen, und jeder wird für sich sagen: »Danke mein Gott! Du hast mir einen Menschen geschickt, der für mich wie die Sonne ist, die mich im Winter erwärmt und anstrahlt, wie eine köstliche, duftende Frucht, die mich ernährt, wie das Wasser, das meinen Durst stillt, wie die Luft, die mich besänftigt.«

Hört, was die Menschen sagen (und es wäre noch schlimmer, wenn man sie denken hören könnte!). Sie können sich nur über die anderen beschweren. Man hört sie so selten sich freuen und sich dafür bedanken, dass es die anderen gibt! Natürlich, die Menschen sind unvollkommen, aber jenseits all dieser Unvollkommenheiten gibt es immer etwas zu entdecken, denn in jedem wohnt ein göttlicher Funke.[1]

Ihr werdet sagen, dass das, was euch am meisten fehlt, Freunde sind, die euch verstehen, und dass ihr nirgendwo dieses Verständnis findet, das ihr so nötig braucht. Fragt euch zuerst, was die anderen in euch verstehen sollten. Und selbst wenn es euer Streben zum Licht, zur Schönheit, zur Wahrheit ist, warum verlangt ihr von den anderen, dass sie in euer Herz und eure Seele eindringen, um zu wissen, was darin vorgeht? Es sollte euch reichen, das Verständnis und die Unterstützung der Engel, der lichtvollen Wesenheiten, die den Raum bevölkern, zu haben und von Gott selbst, der euch geschaffen hat. Was den Rest angeht, eure Empfindungen, eure Launen, eure Sympathien, eure Antipathien, so sagt euch, dass dies nur eine Frage des Temperaments ist, dass jeder das Seine hat, und dass es nicht so wichtig ist, dass die anderen sich dafür interessieren und es verstehen. Seid ihr überhaupt sicher, ob ihr euch selbst versteht? Nein, aber ihr wollt, dass die anderen es tun!

Wenn ihr euch beschwert, dass man euch nicht versteht, so beweist das, dass ihr noch nicht bereit seid, verstanden zu werden. Sagt euch dagegen: »Ich versuche, so viele Geschöpfe wie möglich zu verstehen. Ich werde alles tun, um das zu schaffen«, und ihr werdet sehen, welche Resultate diese Haltung bringen wird. Die anderen werden beginnen, euch zu lieben. Da ihr sie versteht, werden sie euch lieben. Und da sie euch lieben werden, werden sie euch schließlich auch verstehen. Wenn ihr ständig sagt, dass man euch nicht versteht, werdet ihr niemals verstanden werden. Ihr selbst seid es, die durch diese Haltung den anderen Schleier vor die Augen haltet. Hört auf, euch unverstanden zu fühlen und die Schleier werden fallen.[2]

Es ist sinnlos, von überall Verständnis, Liebe und Freundschaft zu verlangen, wenn ihr nicht zuerst lernen wollt, wo und wie man sie sucht. Ihr erwartet, dass sie durch Männer und Frauen kommen, die euch genau das bringen, was ihr euch wünscht? Aber sie erwarten das Gleiche! Und so sieht man überall arme Unglückliche auf dem Lebensweg umherirren, wie leere Behälter, die darauf warten, gefüllt zu werden.

Jedes Wesen, jeder Gegenstand, dem ihr auf eurem Weg begegnet, besitzt bestimmte Tugenden. Wenn ihr lernt, sie zu erkennen, könnt ihr von ihnen profitieren. Alles, was auf der Erde und im Himmel existiert, kann euch etwas Gutes bringen. Ihr sagt, dass ihr nichts empfangt... Aber das Empfangen hängt von euch ab. Um zu empfangen, muss man bewusst sein und sich öffnen. Wenn ihr mit geschlossenen

Augen und Ohren durchs Leben geht, mit blockiertem Verstand und Herzen, werdet ihr euch natürlich immer arm und einsam fühlen.

In Wahrheit kann alles eine Nahrung für unser inneres Leben werden. Die Liebe manifestiert sich überall im Universum. Wenn ihr morgens erwacht und der Welt die Augen öffnet, fühlt ihr da nicht, dass ihr schon Liebe empfangt? All das Leben, das zu euch strömt, ist Liebe, eine Liebe, die aus der göttlichen Quelle sprudelt wie der Fluss, der vom Berggipfel herabfließt. Bemüht euch, bis zu diesem Gipfel aufzusteigen, um euch mit dieser Liebe zu füllen.[3]

Wenn euch dies gelingt, werdet ihr euch nicht nur erfüllt fühlen, sondern ihr werdet überall diesen überfließenden Reichtum verbreiten. Und wie sollen diejenigen, die ihn empfangen, euch nicht lieben? Sie werden euch lieben, weil ihr nichts verlangt, sondern gebt. Könnt ihr anerkennen, dass nur diese Art, die Liebe zu verstehen und zu leben, die Liebe zu euch bringt?

Richtig zu lieben, ist die größte Kunst, die es gibt. Warum? Weil die Liebe sehr empfindliche Waagen benützt. Sie wiegt damit die Dinge und die Wesen, die sie einschätzen will, und wenn nur ein einziges Gramm fehlt, weist sie sie zurück, denn das moralische Leben verlangt Exaktheit. Jede seiner Ausdrucksformen muss von größter Genauigkeit sein.

In dem Moment, wo ihr auf die Waagschale der Liebe fallt, werdet ihr feststellen, wie anspruchsvoll sie ist. Wenn nur ein Gramm fehlt, fühlt ihr euch schon weit von der Liebe entfernt. Dem Anschein nach ist ein Gramm nicht viel, aber in Wahrheit stellt es ein enormes Potential dar. Wenn euch ein Gramm fehlt, wird die Liebe euch ein wenig beiseitelassen, das ist sicher. Denn dieses fehlende Gramm bringt das Ganze in Gefahr. Hört dem Geiger zu, wenn er seine Geige stimmt. Er muss es mit absoluter Genauigkeit machen, nicht höher und nicht tiefer als der Grundton, nach dem alle Instrumente gestimmt sind. Tut er dies nicht, so wird er im Orchester nicht angenommen.

Für jeden Bereich im Leben gibt es auch einen Grundton, nach dem wir denken, fühlen und handeln müssen. Der Grundton, nach dem wir uns richten müssen, ist die göttliche Gegenwart in uns, die alle unsere gegensätzlichen Tendenzen harmonisiert. Und diese gegensätzlichen Tendenzen sind es, die uns solche Schwierigkeiten mit uns selbst und mit den anderen bereiten.

Man könnte sagen, das menschliche Wesen ist ein Gebäude mit mehreren Stockwerken, in dem vollkommen gegensätzliche Mieter miteinander leben, die einer nach dem anderen zu Wort kommen. Geizige und Großzügige, Feinsinnige und Grobe, Aufrichtige und Hinterhältige, Intelligente und Dumme, Vertraute und Verdächtige, Gutherzige und Grausame, Optimisten und Pessimisten, Weise und Spinner... alle sind sie in der gleichen Person vorhanden. Viele Menschen geben zu, dass sie sich selbst nicht verstehen. Reden wir also gar nicht erst davon, die anderen zu verstehen... Da das menschliche Wesen sich in einem einzigen Körper manifestiert, neigt man dazu zu glauben, dass dieser von einer einzigen Wesenheit bewohnt wird. Und doch beweist das tägliche Leben ständig das Gegenteil.

Diese Mischung von so unvereinbaren Elementen, aus denen das menschliche Wesen besteht, bleibt selbst ein Rätsel für die Philosophen und Psychologen. Und doch lässt es sich ganz einfach dadurch erklären, dass das menschliche Wesen in diesem Leben oder in vorherigen Leben selbst verschiedenartige Wesenheiten angezogen hat. Es soll euch also nicht überraschen, wenn ihr seht, wie jemand widersprüchliche Tendenzen zum Ausdruck bringt. Und was euch angeht, so müsst ihr euch aufmerksam beobachten, um jedes Mal gut zu unterscheiden, welche Wesenheit durch euch spricht oder handelt.

Nur weil ihr in bestimmten Momenten gütig und weise seid, heißt dies nicht, dass ihr die ganze Zeit über unfehlbar seid und die anderen euch immer zustimmen müssen. Achtung, seid euch eurer selbst nicht zu sicher! Und andersherum: Nur weil ihr manchmal Fehler begeht, seid ihr nicht unfähig, richtig zu handeln. Ihr müsst also zuallererst in euch selbst klar sehen und anschließend die Grundtonart suchen, von der aus ihr alle eure verschiedenen Neigungen harmonisieren könnt. Diese Tonart könnt ihr nur finden, indem ihr euch anstrengt, den Gipfel zu erreichen.

Wenn ihr eines Tages auch nur für einige Minuten die reine Luft des Gipfels einatmet, wisst ihr, wovon ich spreche. Das Wort »Gipfel« symbolisiert das, was im menschlichen Bewusstsein am höchsten entwickelt ist. Und was für den einen der Gipfel ist, muss für einen anderen nicht der Gipfel sein. Für einige wäre der Gipfel zunächst bescheidenerweise, nicht zu rauchen. Für andere ist es, die Angst zu besiegen oder den Egoismus, die Faulheit, die Ungeduld, die Habsucht oder die Wut... Das ist eine tägliche Arbeit. Jeder muss jeden Tag versuchen, einen Gipfel zu erreichen und, sobald er ihn erreicht hat, einen noch höheren Gipfel anstreben. So wird er den Grundton finden und mit allen Wesen in Harmonie sein.

In Wahrheit gibt es Gipfel bis ins Unendliche. Im Lebensbaum der Kabbala hat jede Region den ihrigen: Es ist die Region, die direkt über ihr liegt. Jesod ist ein Gipfel für Malkuth, Hod für Jesod, Netzach für Hod... und so weiter bis Kether und darüber hinaus. Denn es gibt auch Gipfel jenseits von Kether.

Anmerkungen

1. Siehe Band 239 der Reihe Izvor »Die Liebe ist größer als der Glaube«, Kapitel 11: »Liebt einander, wie ich euch geliebt habe«.
2. Siehe Band 228 der Reihe Izvor »Einblick in die unsichtbare Welt«, Kapitel 6: »Liebt, und eure Augen werden sich auftun« und Band 231 der Reihe Izvor »Saaten des Glücks«, Kapitel 17: »Liebt, ohne Gegenliebe zu verlangen«.
3. Siehe Band 14 der Reihe Gesamtwerke »Liebe und Sexualität«, Kapitel 17: »Liebe ist im ganzen Weltall enthalten« und Band 15 der Reihe Gesamtwerke »Liebe und Sexualität«, Kapitel 18: »Die Liebe ist überall im Universum vorhanden«.

Kapitel 15

Damit die Liebe uns nicht mehr verlässt

Die meisten Männer und Frauen wissen nicht, was sie zueinander hinzieht. Sie sind sich dieser Anziehung bewusst, aber sie sind sich nicht darüber bewusst, was sie hervorruft. Ein Mensch wird nicht geliebt, weil er jung, schön, reich oder mächtig ist. Diese Vorzüge können manchen dazu bringen, sich mit ihm zu treffen, aber was sie dann erleben, ist nicht die wahre Liebe. Denn, wenn er den einen oder den anderen seiner äußeren Vorzüge verliert, werden sie nicht zögern, sich von ihm abzuwenden.

Was ist also der Ursprung dieser Anziehung, die von der Liebe hervorgerufen wird? Zwei Wesen, zwei Energien begegnen sich im Raum. Zwischen ihnen entsteht auf magnetische Weise ein unwägbarer, fluider Austausch. Diese Begegnung ruft die Liebe hervor, durch die jeder von dem anderen die Elemente empfängt, die ihm fehlen und die er bis dahin nirgends gefunden hat. Man ist oft überrascht von den Verbindungen, die zwischen bestimmten Menschen entstehen. Dem Anschein nach dürfte zwischen ihnen keinerlei Anziehung bestehen.

Doch die Erklärung liegt gerade in diesem subtilen Austausch, der irgendwo zwischen ihnen geschieht, ohne dass sie es wissen.

Die Liebe ist ein Austausch zwischen zwei Energieströmen. Nicht der physische Körper ruft die Liebe hervor. Er kommt häufig erst am Ende dieses Prozesses ins Spiel, wie eine Vollendung; er folgt nur. Das, was die Liebe hervorruft, ist unsichtbar. Man hält den Körper für wichtiger, als er es tatsächlich ist. Umarmen sich denn die Leichen von zwei Menschen, die sich geliebt haben, wenn man sie Seite an Seite legt? Nein, aber ihre Seelen, die lebendig sind, begegnen sich weiterhin. Es ist das Leben in den Geschöpfen, das Anziehung oder Abstoßung hervorruft. Bevor also die Körper voneinander angezogen wurden, gab es einen fluidalen Austausch, der sie dazu gebracht hat, einander näher zu kommen. Die Körper sind nur dieser Bewegung bis zum Ende gefolgt.

Der äußerliche Schein, die physische Seite, der Beruf und die soziale Stellung sind natürlich, was man als Erstes bemerkt. Aber diese Vorzüge beeindrucken die Menschen nicht lange, wenn sie nicht hinter diesem Anschein etwas Subtiles, etwas Lebendiges spüren, das dem entspricht, was sie im tiefsten Inneren ihrer selbst brauchen. Wenn ihr also der wahren Liebe begegnen wollt, so arbeitet an euch selbst, um etwas Reines, Lichtvolles, Poetisches, Musikalisches zu erschaffen und ihr werdet Männer und Frauen anziehen, die selbst auch die Reinheit, das Licht, die Poesie und die Musik suchen. Vergesst niemals, dass das Wesentliche in diesen subtilen Schwingungen, in diesen Energieströmen liegt.

Ihr begegnet einer Person, zu der ihr euch sofort hingezogen fühlt. Sie ist wie eine mit einer kostbaren Essenz gefüllte Vase, die euch bezaubert, inspiriert, euren Horizont weitet und euch die Schönheiten des Himmels und der Erde offenbart. Dankt dafür und freut euch und wenn ihr diese Freude für immer behalten wollt, versucht zunächst, eine gewisse Distanz zu wahren. Schätzt es wie eine Gnade, dass ihr ein Wesen entdeckt habt, das euch erhellt, belebt und stärkt. Wenn ihr gut auf diesen Ratschlag hört und versucht, ihn umzusetzen, wird es euch niemals an solchen Begegnungen fehlen.

Der Himmel gibt euch Seelen auf den Weg, die euch Freude bringen können. Ihr könnt ihn nicht beschuldigen, euch alleine zu lassen. Aber was macht ihr mit diesen Menschen, denen ihr begegnet? Wisst ihr sie zu schätzen und zu respektieren? Hegt ihr für sie ein heiliges Gefühl? Nein. Ihr versucht, sie nur nach eurem Belieben zu benutzen, als wären sie dazu da, euren Bedürfnissen zu entsprechen und euer Verlangen zu befriedigen.

Manche Früchte halten sich sehr lange. Je mehr Tage vergehen, umso kräftiger werden ihre Farben und sie verbreiten einen noch feineren Duft – und obwohl sie appetitlich sind, rührt ihr sie nicht an, ihr ernährt euch lieber von ihrer Gegenwart. Wenn euch also ein menschliches Wesen mit Leben erfüllt, stürzt euch nicht darauf, um es zu verschlingen! Da euch seine Ausströmungen ernähren können, wacht über es und beschützt es.[1]

Nachdem sie meinen, einige Gemeinsamkeiten zwischen sich entdeckt zu haben, entschließen sich Männer und Frauen oft, zusammenzuleben. Unglücklicherweise kann es vorkommen, dass dieses Sich-Näherkommen ihnen enthüllt, wie fern sie sich in Wirklichkeit sind, ja, sogar fremd. Andere dagegen können sich fühlen, als wären sie immer zusammen, obwohl sie eine große, räumliche Entfernung trennt. Was ist also am wichtigsten: die Gegenwart von jemandem zu spüren, der nicht da ist oder aber ihn dicht bei sich zu haben und sich innerlich weit weg zu fühlen?

Die Menschen wären zweifelsohne glücklicher, wenn sie lernen würden, mehr in ihrer inneren Welt zu leben. Wenn ihr wirklich jemanden liebt, ist er immer bei euch, in euch, und ihr seid mit ihm im Frieden. Wenn ihr absolut darauf besteht, physisch bei ihm zu sein, riskiert ihr ständig Diskussionen und Missverständnisse.

Es wäre vollkommen unrealistisch, Menschen, die sich lieben, zu raten, sich niemals zu treffen oder niemals zusammenzuleben. Aber wenn ihrem Beisammensein eine wahre innere Dimension fehlt, kann man bereits das Ende ihrer Liebe voraussagen. Wenn ihr die feinstoffliche Gegenwart eures geliebten Wesens in euch spürt, werdet ihr feststellen, dass ihr seine physische Gegenwart nicht mehr so sehr braucht. Wenn seine Abwesenheit zu schmerzvoll für euch ist, so bedeutet dies, dass ihr aus eurer inneren Welt ausgetreten seid, und daher müsst ihr mit vielen Enttäuschungen rechnen. Denn wer weiß, ob die Umstände euch nicht eines Tages dieses Wesen wegnehmen? Wenn ihr aber diese innere Gegenwart spürt, können euch die äußeren Umstände viel weniger anhaben. Das ist ein Kriterium. Wenn ihr genauso viel Freude spürt, wenn ihr an euer geliebtes Wesen denkt, wie wenn ihr es seht, so seid ihr frei, und diese Freude wird euch nicht mehr verlassen.[2]

Versucht also nicht, von der physischen Gegenwart derer, die ihr liebt, abhängig zu sein. Auf diese Weise könnt ihr eure Freude beibehalten. Ihr seid nicht mehr den Umständen unterworfen, weil ihr in der einzig wirklichen Welt lebt, eurer inneren Welt, mit der ihr eins seid. Sobald ihr diese innere Welt verlasst, wird alles problematisch, denn ihr hängt von Bedingungen ab, über die ihr keinerlei Macht habt. Ihr seid ihrer Gnade ausgeliefert.

Wenn ihr unter den Wolken steht und zu ihnen sagt: »Geht weg, ich brauche Sonne«, so werden diese Wolken euch weiterhin in aller Ruhe den Himmel verdunkeln und ihr bleibt im Schatten und in der Kälte. Wenn sie sich schließlich entfernen, so fühlt ihr euch besser, aber sie kommen bald wieder. So ist das Leben. Wisst ihr, wann die Wolken verschwinden und wann sie wiederkommen? Nein. Wisst ihr wie lange euer geliebtes Wesen bei euch bleibt? Nein, auch das nicht. Eines Tages wird es euch vielleicht verlassen – oder jemand wird es euch nehmen – und ihr seid wieder alleine in der Kälte.

Solange ihr auf der physischen, der astralen und der mentalen Ebene verweilt, bleibt ihr unter den Wolken und seid allen Wetterschwankungen ausgeliefert. Strengt euch also an, euer Bewusstsein in höhere Regionen zu erheben, wo die Umstände keine

Macht über euch haben. Steigt bis zur Kausalebene auf, wo die Sonne der Liebe niemals untergeht. Schwingt euch auf in das Licht dieser ewigen Sonne. Solange diejenigen, die ihr liebt, in euch sind, kann keine Macht der Welt sie euch wegnehmen. Wenn man sie euch nimmt, so nur weil ihr euch zu weit unten aufgehalten habt, nämlich unter den Wolken. Steigt wieder hinauf und ihr werdet feststellen, dass die Liebe euch nicht verlassen hat.

Meister Peter Danov sagte: »Wenn ihr in euch eine Sicht der Liebe in ihrer erhabensten Form ernährt, so erhaltet ihr die Hilfe von Abertausenden von liebenden Seelen, denn die Liebe schließt die gemeinschaftliche Arbeit einer Vielzahl von Seelen ein, die untereinander durch diese Idee der Liebe verbunden sind. Die göttliche Liebe ist die stärkste Kraft, die es gibt. Zweifelt niemals an dieser Wahrheit, damit die Seelen, die in ihrem Namen arbeiten, immer bei euch bleiben.«

Ich bin von diesen Zeilen bezaubert. Die ganze Poesie liegt darin. Wir müssen über sie meditieren, sie kauen, sie verdauen, um in uns diese Liebe zu erwecken und sie jeden Tag zu beleben. Sobald wir zu dieser göttlichen Auffassung der Liebe vordringen, ziehen wir Tausende Seelen von oben an, die uns zu Hilfe kommen und uns unterstützen. Die menschliche Sprache ist zu schwach, um die Freude der Seele auszudrücken, die von einer solchen Liebe erfüllt wird. Es genügt ihr, im Vorbeigehen das Gesicht eines Mannes oder einer Frau zu sehen, um in der Fülle zu sein. Gebt niemals diese göttliche Sicht der Liebe auf, sondern wisst, dass, wenn ihr ein Wesen liebt, es Gott ist, der es durch euch liebt. Indem ihr es liebt, erfahrt ihr also die Liebe Gottes. Deshalb seid ihr, wenn ihr liebt, genauso erfüllt oder gar noch erfüllter, wie wenn ihr geliebt werdet.

Zweifelsohne habt ihr bereits eine solche Liebe verspürt. Sie hat euch besucht, aber danach ist sie wieder gegangen. So wird es immer sein, bis sie in euch eine endgültige Bleibe findet, und vor allem Nahrung, denn ihr Hunger ist groß. Ja, sie isst viel! Wenn sie das nächste Mal zu euch kommt, versucht über die Umstände ihres Kommens nachzudenken, um sie von Neuem herbeirufen zu können. Denn, bewusst oder nicht, seid ihr es, die ihr günstige Bedingungen dafür gebt. Die Liebe kommt in der Reinheit, dieser Reinheit, die die Durchsichtigkeit eines Kristalls symbolisiert – und sie verschwindet wieder wegen der Unreinheit.

Seht ihr, das ist ein sehr ernstes Problem. Denkt darüber nach, anstatt euch zu beschweren, dass ihr einsam und verlassen seid. Ihr könnt die Liebe nicht verlieren, wenn sie in euch wohnt. Wenn ihr euch verlassen fühlt, so weil ihr selbst nicht mehr liebt.

Doch wir sind noch am Anfang dieser Wissenschaft. Mit dieser neuen Auffassung von der Liebe beginnt die wahre Einweihung. Sucht die Einweihung nicht in Büchern, sondern in der Erweiterung eures Bewusstseins. Wenn ihr leidet, weil euch Liebe fehlt, so seid ihr noch nicht auf dem Weg der Einweihung.

Anmerkungen

1. Siehe Band 241 der Reihe Izvor »Der Stein der Weisen – Von den Evangelien zur Alchimie«, Kapitel 5: »Den Geschmack des Salzes kosten: die göttliche Liebe«.
2. Siehe Band 231 der Reihe Izvor »Saaten des Glücks«, Kapitel 20: »Die Vereinigung auf höherer Ebene«.

Kapitel 16

Die Pforten der Traumwelt öffnen

Mit der Entwicklung der Wissenschaft und der Technologie gewinnt der Mensch ständig mehr Macht über die Materie. Und warum sollte er nicht all die Möglichkeiten schätzen, die ihm so gegeben sind. Er kann immer schneller von einem Ort der Erde zum anderen gelangen, sofort mit jedermann kommunizieren und ein mit den neuesten Annehmlichkeiten ausgestattetes Haus oder Auto haben. Doch alles, was so dazu beiträgt, sein Leben zu erleichtern, kann nur einen Teil seines Wesens befriedigen. Wenn er sich dessen nicht bewusst wird, was er im tiefsten Inneren ist, wird ihm immer etwas fehlen. Er wird immer auf die neueste Entdeckung oder Erfindung warten, die fähig ist, die Leere zu füllen, die er in sich spürt. Wenn er sie dann eine Zeit lang genutzt hat, wird er wieder enttäuscht sein.

Die Menschen glauben zu wissen, was sie brauchen. Fragt sie, was sie sich wünschen und ihr werdet sehen, was sie antworten. Fast alle nennen die Gesundheit, die Familie, das Haus, den Beruf, die Reisen, usw. Warum aber sind diejenigen, die all dies haben, immer noch unzufrieden und unglücklich? Weil ihre tiefsten Bedürfnisse nicht die ihres physischen Körpers, ja nicht einmal die ihres Herzen oder ihres Intellekts sind, sondern vielmehr die ihrer Seele und ihres Geistes. Doch diese Bedürfnisse können nur durch die spirituelle Welt befriedigt werden. Nur haben die Menschen die Gewohnheit, alles, was spirituell ist, als unwirklich zu betrachten – also als nicht beachtenswert oder gar als etwas zu Vermeidendes.

Doch wie viele Menschen müssen zugeben, wenn sie ehrlich sind, dass zum Beispiel die Märchen von Feen sie in eine Art von Entzückung versetzen! Manche sagen, dass sie sich so angenehm an die Kindheit erinnert fühlen. Ja, ein bisschen, sicherlich. Doch die wahre Erklärung ist, dass das Wundersame ein Bedürfnis der menschlichen Seele ist und dass das, was man unwirklich nennt, in Wahrheit vollkommen wirklich ist, sogar noch wirklicher als das, was wir normalerweise als Wirklichkeit betrachten. Warum? Weil dort alles nicht nur lebendig, sondern auch beseelt ist und sprechen kann: die Felsen, die Blumen, die Bäume, die Tiere. Und die Kräfte der Natur handeln dort mit Intelligenz. Vor allem aber sind in diesen Märchen, jenseits ihrer scheinbaren Einfalt, die Realitäten unseres inneren Lebens beschrieben.

Wenn unter ganz besonderen Umständen das Feinstoffliche, das Unwirkliche, das Feenhafte in unser Leben eindringt, so fühlen wir uns wie ein Baum, der – einst aus seiner Erde gerissen und in eine feindliche Gegend verpflanzt – plötzlich seinen heimatlichen Wald wiederfindet, in dem er wieder Wurzeln schlagen und aufleben kann.

Dieses Gefühl des Wunderbaren, des Übernatürlichen, das wir manchmal verspüren, ist die wahre Heimat unserer Seele und keine Illusion. Es hat seinen Ursprung in unserer psychischen Struktur.[1] Deshalb spüren alle, die die Bedürfnisse ihrer Seele nicht ernst nehmen wollen, im tiefsten Inneren eine immerwährende Art von Unzufriedenheit. Selbst überhäuft von Wohlstand, inmitten von Ruhm, Ehre und Erfolg, werden sie immer ein Gefühl der Leere haben. Es nützt nichts, dieses Gefühl zu leugnen oder zu verdrängen, denn es ist da, um uns zu zwingen, den Weg zur Quelle des Lichts zu beschreiten.

Gott kann man weder sehen, noch hören, anfassen, erklären oder erreichen. Doch wir haben das unwiderstehliche Bedürfnis, Ihm zu begegnen.[2]

Und Gott selbst hat uns dieses Bedürfnis eingepflanzt, damit wir niemals aufhören, voranzuschreiten. Denn das ist das Wesentliche: niemals aufzuhören. Ihr könnt euch nie lange dem Eifer eurer Seele widersetzen. Wenn ihr sie für einen Moment fesseln könnt, so zerreißt sie ihre Ketten wieder, um ihren Weg in die Höhe fortzusetzen. Ihr wollt ihr nicht folgen? Ihr werdet ein Unwohlsein empfinden, wie ein Fall ins Nichts. Dieses Gefühl wird von der Seele hervorgerufen, damit ihr nicht endgültig in die Gelähmtheit und den spirituellen Tod abgleitet.

Strengt euch also an, der Bewegung eurer Seele zu folgen, indem ihr die Grenzen der wirklichen Welt übertretet und so in diese erhabenen Regionen eintretet, von denen alle Inspirationen – die der Musik, der Poesie, der Malerei und des Tanzes – kommen. Manche nennen diese Regionen eine

Traumwelt... Wie man sie nennt, ist unwichtig, wenn derjenige, der träumt, inspiriert ist und ein göttliches Wasser trinkt.

Man sollte die Mythologien der ganzen Welt ernster nehmen, vor allem zum Beispiel die Erzählungen der griechischen Mythologie. Eine dieser Erzählungen handelt von den Abenteuern eines geflügelten Pferdes, dem Pegasus, das auf dem Berg Helikon durch einen Hufschlag die Hyppokrenische Quelle schuf. Um diese Quelle versammelten sich die neun Musen und man sagt, dass die Dichter, die von dieser Quelle tranken, Inspiration empfingen.

Interpretieren wir diese Sage im Licht der Wissenschaft der Symbole. Es ist da von einem geflügelten Pferd die Rede. Das Pferd ist eines der Symbole der Unterwelt, also der niederen Natur. Wenn es Flügel hat, so bedeutet dies, dass es von der höheren Natur gezähmt worden ist. Diese Idee wird dadurch verstärkt, dass diese Quelle auf einem Berg, einem Gipfel entspringt. Um diese Quelle versammeln sich die Musen und die Dichter trinken aus ihr die Inspiration. Diese Legende ist voller Lehren. Sie spricht von den Bedürfnissen der Seele und des Geistes, wie ich euch eben erklärt habe.

In den Büchern der Mystiker wie Ruysbroek oder der Dichter wie Novalis oder Gérard de Nerval, sehen manche nur Trugbilder. Nein, diese Mystiker und Dichter sind nur in eine andere Dimension der Realität eingetreten. Diese andere Dimension kann man Traum nennen, vorausgesetzt, man verwechselt es nicht mit dem Vagabundieren der Einbildungskraft.

Der Traum, so wie ihn die Einweihungswissenschaft versteht, ist der Keim jeder Wirklichkeit. Die materielle, physische Welt ist nur ein Traum, der Gestalt angenommen hat, und wenn die Gestalt verschwände, so würde der Traum bestehen bleiben. Denn nur der Traum ist wirklich. Er ist es, der alle wahrnehmbaren Formen hervorbringt.

Bemüht euch jeden Tag, bewusst die Pforten zum Traum zu öffnen. Im Traum findet ihr die unentbehrlichen Elemente, um euer Leben wieder aufzubauen und ihm einen Sinn zu geben. Ja, ihr könnt die vergängliche Wirklichkeit nur wieder aufbauen, wenn ihr diese Elemente der unvergänglichen Wirklichkeit hineinbringt. Dann wird selbst euer Gesicht etwas von dieser Welt des Lichts, der Schönheit und der unvergänglichen Freude widerspiegeln. Das ist das wahre Leben.

Je mehr die Menschen Erfolg in der Materie haben, desto mehr müssen sie wachsam sein, um sich nicht von ihr faszinieren und verschlingen zu lassen. Doch das haben sie noch nicht verstanden. Während sie sich einbilden, sie zu beherrschen, werden sie von ihr gelähmt und verschlungen, und nur wegen ihr lassen sie zu, dass sich ihre schlechten Neigungen wie Habsucht, Härte und Aggressivität entwickeln.

Wie ich euch gesagt habe, sind die Menschen für die Bewohner anderer Welten Gegenstand großer Neugier. Es kommt manchmal vor, dass Engel eine Reise zur Erde machen, weil sie neugierig auf diese seltsamen Wesen sind, die mit Krallen und Zähnen spielen. Ungläubig betasten sie sie ein bisschen und sagen: »Was sind die hart! Sie fühlen nichts, verstehen nichts und meinen, sie wären die Herren der Welt!« Dann wiegen und messen sie sie, um zu entscheiden, in welchen Zoo sie eingesperrt gehören. Denn man muss sie gut einsperren, weil sie über die Erde herfallen und überall katastrophale Situationen verursachen.

Ich war nicht bei den Versammlungen der Engel, aber ich vermute, dass sie sich den Menschen gegenüber so verhalten, wie sich diese den wilden Tieren gegenüber verhalten. Diese gefährlichen Tiere sperren sie in Zoos, um sie den Kindern der zukünftigen Menschheit zu zeigen. An die Käfige wird man Schilder anbringen, die ihr Leben und ihr bisheriges Verhalten beschreiben. Die Eltern werden all dies ihren Kindern erklären. Aber lacht nicht: Es kann auch sein, dass keine Spur mehr von den Menschen auf der Erde übrigbleibt und sie schlussendlich verschwinden, so wie die Dinosaurier verschwunden sind. Denn sie benehmen sich wie sie.

Natürlich ist es unmöglich zu sagen, wie die Zukunft der Menschen auf der Erde aussehen wird. Das hängt von ihnen ab. Sie sind in diese Welt wie in einen immensen Garten geschickt worden, damit sie ihn nicht ausplündern und verwüsten sollten, wie sie es gerade tun, sondern kultivieren und verschönern. Und sie wissen nur dann, wie sie diesen Garten kultivieren und verschönern können, wenn sie sich ständig mit dem Himmel verbinden, der sie inspiriert und ihnen zeigt, wie sie richtig handeln und arbeiten sollen. Denn wenn ich euch sage, dass wir die Pforte zur Welt der Träume öffnen müssen, so nicht, damit wir dorthin flüchten und die physische Realität verlassen, sondern um zu lernen, besser zu arbeiten und wahrhaft schöpferisch zu werden.

Die Kosmische Intelligenz hat uns nicht auf die Erde geschickt, damit wir es eilig haben, sie wieder zu verlassen, und sei es nur in Gedanken. Sie hat uns geschaffen, um hier, in der Materie zu leben. Sie hat uns die Mittel, das heißt die nötigen spirituellen Fähigkeiten gegeben, damit wir diese Reichtümer weise und harmonisch nutzen. Wir sollten also immer ein Gleichgewicht zwischen dem Materiellen und dem Spirituellen finden, vergesst dies niemals. Für die physische und psychische Gesundheit ist es genauso schädlich, die Erde für den Himmel zu verlassen, wie den Himmel für die Erde zu verlassen.[3]

Unter dem Vorwand, zu beten und zu meditieren, laufen manche Gefahr, sich der Faulheit oder gar der geistigen Verwirrung hinzugeben, weil sie das Reelle und das Imaginäre nicht mehr auseinanderhalten können. Man muss das um jeden Preis vermeiden. Selbst die Ekstase, die für einen Mystiker einer der wünschenswertesten Zustände ist, ruiniert die Gesundheit, wenn sie nicht mit Maß, Besonnenheit und Weisheit gelebt wird. Es heißt, dass Gott ein alles verschlingendes Feuer ist und der physische Körper ist nicht dafür gemacht, diesem Feuer lange standzuhalten.

Es ist vorgekommen, dass Eltern überrascht und sogar beunruhigt über die Gedanken und Erzählungen ihrer Kinder mich baten, ihre Kinder zu befragen.

Zumeist konnte ich die Eltern beruhigen, indem ich ihnen erzählte, dass die sehr jungen Kinder eine Art Hellsicht besitzen. Wenn sie Steine, Bäume, Blumen, Tiere und Menschen ansehen, so sehen sie die Wesenheiten, die sich zwischen ihnen und in ihnen bewegen. Sie spüren sogar, dass diese Wesenheiten Kontakt zu ihnen suchen und mit ihnen sprechen. Doch sehr schnell bewirken die Erwachsenen und die ganze materialistische Umwelt, dass das Kind die Verbindung mit der unsichtbaren Welt verliert und sich andere psychische Fähigkeiten entwickeln.

Ich habe den Eltern auch gesagt: »Schaut, ob ihr euch nicht selbst noch an eure Kindheit erinnern könnt, als die Natur euch lebendig, beseelt und von vertrauten Wesenheiten bewohnt vorkam.« Und tatsächlich. Was ich ihnen sagte, schien in ihnen einige ferne Erinnerungen zu wecken.

Manchen Wesen steht die Natur offen, aber der Mehrheit bleibt sie verschlossen. Genauer gesagt, sind es die Menschen, die sich zu öffnen wissen oder auch nicht. Und wenn sie es nicht wissen, so sehen sie die Schöpfung als ein Zusammenspiel von Mechanismen oder als ein Nebeneinander von Lebewesen, mit denen sie überhaupt nicht kommunizieren. Sie nehmen die feinen Schwingungen nicht wahr, durch die all diese Lebewesen miteinander verbunden sind. Die Schüler einer Einweihungsschule üben sich darin, diese Sensibilität gegenüber der feinstofflichen, lebendigen Seite der Natur zu entwickeln.

Doch es gibt Menschen – wenn auch sehr selten –, die fähig sind, spontan diese Form der Sensibilität zu entwickeln. So zum Beispiel der französische Schriftsteller Marcel Proust. Dank seiner Intuition konnte er sich mit winzigsten, kaum wahrnehmbaren Details der konkreten Realität beschäftigen. Und weil er die geringsten Wahrnehmungen zu analysieren und zu vertiefen wusste, hat er die geheime Sprache der Minerale, Pflanzen, Tiere und Menschen sowie die Beziehungen zwischen ihnen erahnt und verstanden. Er erlebte in außergewöhnlicher Weise ihre feinstofflichen Manifestationen. Lest seine Bücher. Sein Stil ist von einer großen Langsamkeit und Komplexität, aber er führt euch in eine offene und lebendige Welt. Wenn man die Schale der Dinge und Wesen durchdringt, enthüllt sich etwas von der Seele und bringt uns den Widerklang einer weit entfernten und doch nahen Welt.

Man muss die Sprache der Schöpfung verstehen, damit sie lebendig, sprechend und sinnerfüllt wird. Eure ganze Existenz muss diesem Ziel zustreben: mit einer offenen Welt und ihren Bewohnern zu kommunizieren. Es gibt überall Bewohner: im Wasser, in der Luft, in der Erde, im Feuer, in den Bergen, in den Bäumen, in der Sonne, in den Sternen, überall![4] Sie begrüßen uns und geben Zeichen. Doch wer sieht sie? Und wer sieht, dass die Natur eine lichtvolle Substanz ist, die von Strahlen durchdrungen wird, deren Schönheit und Farben keine Sprache beschreiben kann?[5]

Bereitet euch darauf vor, mit eurer Aufmerksamkeit, eurem Verständnis und eurer Liebe in diese unendliche Welt einzutreten, damit deren Bewohner euch akzeptieren, euch helfen und unterstützen. Ihr lebt und wandelt schon dort, aber ihr müsst euch noch dessen bewusst werden und den Schleier lüften, der euch hindert, sie zu sehen.

Wenn die Menschen weiterhin die Augen vor dieser feinstofflichen Welt verschließen, werden die wahre Poesie und die wahre Schönheit die Erde verlassen. Und was wird sie ersetzen? Man wird nur noch Krankenhäuser, Gräber und Gefängnisse sehen und einen riesigen Zoo, in dem Tiere die Wärter für andere Tiere sind. Und was für Tiere! Nur die wahre Kunst schöpft ihre Inspiration oben aus der spirituellen Welt.

Ein hohes Ideal zu haben, das höchstmögliche Ideal, ist das einzige Mittel, um mit dem Reich der lebendigen Natur in Kontakt zu treten.[6]

Dieses hohe Ideal ist natürlich unerreichbar, aber wir brauchen ein Ziel, das sich im Unendlichen befindet, damit sich auf den Wegen dorthin Verbindungen zwischen uns und dem ganzen Universum aufbauen. Und auf diesen Wegen der Ewigkeit werden wir die Stationen der Fülle, des Reichtums, der Freude, des Lichts und des wahren Wissens durchlaufen.

Anmerkungen

1. Siehe Band 222 der Reihe Izvor »Die Psyche des Menschen«.
2. Siehe Band 231 der Reihe Izvor »Saaten des Glücks«, Kapitel 14: »Die Suche nach Glück ist die Suche nach Gott«.
3. Siehe Band 29 der Reihe Gesamtwerke »Die Pädagogik in der Einweihungslehre, Teil 2 und 3«, Kapitel 1: »Die Gesetze der spirituellen Arbeit« und Band 31 der Reihe Gesamtwerke »Leben und Arbeit in einer Einweihungsschule«, Kapitel 2: »Materialisten und spirituelle Menschen«.
4. Siehe Band 32 der Reihe Gesamtwerke »Die Früchte des Lebensbaums – Die kabbalistische Überlieferung«, Kapitel 22: »Die Naturgeister« und Band 229 der Reihe Izvor »Der Weg der Stille«, Kapitel 6: »Die Bewohner der Stille«.
5. Siehe Band 30 der Reihe Gesamtwerke »Leben und Arbeit in einer Einweihungsschule«, Kapitel 6: »Materie und Licht«.
6. Siehe Band 307 der Reihe Broschüren »Das hohe Ideal«.

Kapitel 17

Der lange Weg zur Freude

Viele der Leiden, die ihr zu ertragen habt, kommen natürlich von außen. Wenn auch nicht direkt, so seid ihr doch zu einem gewissen Teil für diese euch auferlegten Leiden verantwortlich. Warum? Weil ihr nicht gelernt habt, wie man sich immunisiert.

Wenn ihr so verwundbar seid, so bedeutet dies, dass negative Elemente, die euch von der Außenwelt geschickt werden, ein Echo in euch finden. Es kann sogar sein, dass, aufgrund dieser Unreinheiten und der Finsternis in euch, dieses Böse auch noch verstärkt wird. Wenn ihr versuchen würdet, in euch die Reinheit und das Licht aufrechtzuerhalten, würde dieses Böse nicht nur neutralisiert, sondern das Gute, das ihr empfangt, zusätzlich verstärkt werden. Oh ja, wenn ihr nicht intensiv das Gute wahrnehmt, das euch jeden Tag von der sichtbaren und unsichtbaren Welt geschickt wird, so deshalb, weil sich alle Arten von dunkler Materie in euch dem widersetzen. Ihr seht also, alles liegt an euch: ob ihr das Böse abstoßt und ob ihr das Gute anzieht und erhaltet.

Auf der Erde werdet ihr immer den Angriffen feindlicher Kräfte ausgesetzt sein. Also wie kann man verhindern, zu unterliegen? Indem ihr euch innerlich in Regionen flüchtet, wo diese Kräfte keinen Einfluss mehr auf euch haben. Solange ein Teil von euch zu weit unten in der Materie verhaftet bleibt, kann kein Ort, keine Situation und kein Ruhm auf der Welt euch schützen.

Es stimmt, wir leben auf der Erde, in der Materie, und die Materie birgt einen solchen Reichtum, eine solche Vielfalt, dass es nur natürlich ist, wenn wir von ihr angezogen und fasziniert sind. Was kann man nicht alles besitzen; wonach kann man nicht verlangen! Und genau da wird es kompliziert. Ihr freut euch darauf, diesen oder jenen Gegenstand zu erwerben, aber sobald ihr ihn besitzt, wird er euch fast gleichgültig. Ihr müsstet ihn fast verlieren, damit er wieder wichtig wird. Der Mensch ist so geschaffen. Er wünscht, verlangt und will besitzen. Aber nach und nach verliert jede Errungenschaft sein Interesse, und sein Verlangen stürzt sich auf einen anderen Gegenstand und danach wieder auf einen anderen... Deshalb müssen diejenigen, die sich vieles leisten können, wachsam sein, denn nichts wird sie jemals erfüllen, und sie geraten nach und nach in eine Verkettung, die für sie selbst und andere gefährlich ist. Die Materie ist ein Abgrund, der alle verschlingt, die sie erobern wollen, ohne zuvor solide Verbindungen mit der spirituellen Welt geknüpft zu haben.

Sicher, sich nicht mit dem zufriedenzugeben, was man besitzt, ist ein wichtiger Faktor in der Entwicklung, denn um ständig Neues zu erwerben, muss man verschiedene Fähigkeiten wie Aufgeschlossenheit, Intelligenz, Hartnäckigkeit und Arbeitsfreude aufbringen. Der Fortschritt der Kulturen und der Zivilisationen hängt von diesen Fähigkeiten ab. Doch wir müssen wissen, auf welche Erwerbungen wir diese Fähigkeiten konzentrieren.

Ich habe eines Tages einen sehr reichen und einflussreichen Mann kennengelernt, der zugab: »Ich kann alles haben, was ich will, aber im Inneren fühle ich keinerlei Freude. Das Einzige, was mich manchmal glücklich macht, ist zu wissen, dass andere mich um meinen Erfolg beneiden. Wenn man mich beneidet, so heißt das wohl, dass ich glücklich bin.« Seht mal, worauf sich sein Glück reduzierte: das Gefühl andere neidisch zu machen! Und sich sonst nicht einmal mehr an seinem Reichtum und seiner Macht zu erfreuen, welches Elend! Hätte ich diesem Mann erklären sollen, dass er seine Freude in der Welt der Seele und des Geistes suchen sollte? Denn im Gegensatz zu dem, was die meisten Menschen tun, muss man, je mehr man Erfolg in der Materie hat, sich umso mehr mit der Welt der Seele und des Geistes verbinden, sonst findet man am Ende des Weges nur die Leere vor. Das Beste, was einigen Menschen passieren könnte, wäre alles zu verlieren, um die Befriedigung zu haben, eines nach dem anderen wiederzugewinnen.

Die wahre Freude kommt nicht von etwas Sichtbarem oder Greifbarem. Es ist eine Freude ohne Ursache, und nur sie gibt euch das Gefühl, als Seele und Geist zu existieren. Anstatt also zu erwarten, etwas oder jemanden zu besitzen, um sich daran zu erfreuen, freut euch im Gegenteil daran, dass es die Dinge und die Wesen gibt. Denn in dieser Freude, die sie euch so geben, liegt es, dass ihr das Gefühl habt, sie würden euch gehören. Was euch Freude schenkt, gehört euch, während das, was euch gehört, euch nicht unbedingt Freude bringt.

Alles, was euch erfreut, besitzt ihr, und sogar viel mehr, als wenn ihr der Besitzer wärt. Welche Freude könnt ihr durch die Schönheit der Natur, den Sonnenaufgang und den Sternenhimmel empfinden! Das Wichtigste ist diese Fähigkeit, sich zu freuen, nicht der Besitz. Und wenn ihr die ewige Freude kosten wollt, so müsst ihr versuchen, in der Seele und im Geist zu leben, die als Einzige die Fähigkeit haben, euch in den unendlichen Raum und die Ewigkeit zu projizieren. Selbst wenn euch dann ein Unglück trifft, selbst wenn ihr leidet, werdet ihr immer noch Freude spüren, eine andere Art von Freude.

Das Leiden und die Freude... Ihr meint, es sei unmöglich, gleichzeitig diese beiden gegensätzlichen Zustände zu erleben. Doch, es ist möglich. Warum? Weil das menschliche Wesen zwei Naturen hat: die niedere Natur, welche die kleinste Unannehmlichkeit, das kleinste Hindernis, den geringsten Verlust als Schmerz empfindet und die höhere Natur, die in einem ewigen Licht und einer ewigen Glückseligkeit lebt.[1] Wenn ihr das, was euch passiert, aus Sicht der höheren Natur zu betrachten wisst, so werdet ihr entdecken, dass die Traurigkeit und der Kummer als eine Art fruchtbarer Schlamm oder Dünger benutzt werden können, den die Bäume und Blumen in eurem inneren Garten brauchen, um zu wachsen.

Jeder von uns muss lernen, zwischen den beiden Naturen zu unterscheiden. Die Leiden berühren nur einen Teil von uns. Ein anderer Teil bleibt unerreichbar. Er ist frei, beobachtet und kann die Lösung bringen. Er sagt uns: »Du leidest? Freue dich doch, denn wenn du intelligent bist, wirst du dank dieses Leidens noch mehr Klarheit und Verständnis gewinnen und noch stärker werden.«

Wer unglücklich ist, neigt dazu, sich mit seinem Unglück zu identifizieren. Er lässt sich davon einnehmen. Und genau dies gilt es zu vermeiden, indem man sofort aufwacht und sich sagt: »Jetzt gibt es Arbeit. Du leidest, na gut, aber es ist nur ein Teil von dir, der leidet. Ruf' dieses andere Wesen herbei, das in der Unendlichkeit und der Ewigkeit lebt und welches du auch bist. Aus diesem Schlamm, in dem du watest, wirst du Blumen sprießen und Bäume, die mit köstlichen Früchten beladen sind.«

Es scheint unmöglich, ohne Unterlass in der Freude zu leben. Und doch, es ist möglich, wenn man die Struktur des menschlichen Wesens kennt und weiß, dass der Mensch außer dem physischen, astralen und mentalen Körper noch drei höhere Körper besitzt: den Kausalkörper, den Buddhikörper und den Atmankörper, die ihn mit der göttlichen Welt verbinden.[2] Wenn es ihm gelingt, sie zu entwickeln, können selbst Kummer und Sorgen das nicht verderben oder verdunkeln, was er in der Welt des Lichts erlebt.

Deshalb müssen wir uns jeden Tag bemühen, durch unsere Gedanken, unsere Gefühle und unsere Handlungen diese Verbindung mit der göttlichen

Welt aufrechtzuerhalten, um weiter in der Welt der Seele und des Geistes zu leben. Und unsere Seele und unser Geist erwecken in uns eine vollkommen andere Art, die Dinge zu betrachten und wahrzunehmen. Wenn die Seele und der Geist in uns sprechen, verblassen so viele Mühen und Leiden und sie verwandeln sich in Frieden, Weisheit und ein besseres Verständnis vom Sinn des Lebens.

Was auch immer euch an Negativem und Schmerzvollem widerfährt, sagt euch, dass es darin etwas zu lernen gibt. Und wenn euch jemand Böses tut, versucht euch nicht zu rächen, versucht in euch die Mittel zu finden, die euch ermöglichen, dieses Böse zu neutralisieren. Glaubt mir, diese Mittel existieren. Grabt und stöbert in euch selbst. So entdeckt ihr nicht nur ungeahnte Möglichkeiten, sondern bringt durch euer Beispiel auch die anderen dazu, dieselben Entdeckungen zu machen.

Obwohl in allen menschlichen Wesen eine Seele und ein Geist wohnen, die Liebe, Licht und Vollkommenheit ersehnen, wissen nur sehr wenige, wie sie diese in sich berühren und erwecken können. Wenn sie aber gute Bedingungen haben und jemandem begegnen, der fähig ist, ein Beispiel zu sein und ihnen den Weg zu zeigen, dann werden sie Erkenntnisse gewinnen, die sie nach und nach dazu führen, zu verstehen, wie sie handeln sollen. Dies beweist, dass die Art, wie jeder das Problem des Bösen löst, nicht nur ihn selbst betrifft, sondern genauso alle anderen um ihn, die er durch sein Verhalten beeinflusst.

Selbst unter den schlimmsten Bedingungen dürft ihr niemals aufhören, an euch zu arbeiten. Anstatt direkt die Rechnung mit denjenigen zu begleichen, die euch schaden wollen und ihnen Vorwürfe zu machen, zeigt ihnen durch eure Haltung, dass sie es nicht geschafft haben, euch zu zerstören, sondern dass ihr dadurch noch lebendiger geworden seid. Und dies ist die beste Rache. Sucht also die Freude, diese Freude der Seele und des Geistes, die euch innerlich sehr hoch hebt, dorthin wo das Böse euch nicht mehr erreichen kann.[3]

Viele Beschäftigungen können für euch eine Quelle der Freude sein. Doch die größte Freude, die größte Fülle, können wir nur durch die Verschmelzung mit Gott erreichen. Gott hat seinen Geschöpfen unendliche Möglichkeiten zur Freude geschenkt, aber Er hat die größte Glückseligkeit für denjenigen aufbewahrt, der sich bemüht, durch seine Seele und seinen Geist mit Ihm zu verschmelzen.[4]

Und damit diese Freude vollkommen ist, muss derjenige, der diese Momente der Verschmelzung erlebt hat, der die göttliche Gnade empfangen hat, sich bemühen, diese Gnade um sich herum auszustrahlen, um alle Menschen daran teilhaben zu lassen, um ihnen zu helfen, ihnen den Weg zu zeigen und für sie zu einer Quelle, zu einer Sonne zu werden, die ohne Unterlass gibt.

Ja, die einzig wahre Freude ist es, sich mit dem Ewigen zu verschmelzen und anschließend alle anderen an dieser Freude teilhaben zu lassen, ihnen von dem zu geben, was man empfangen hat. Ja, jeden

Tag in dieses »Ausland« aufzubrechen, von dem ich euch schon erzählt habe, aber das in Wahrheit unsere Heimat ist, unsere himmlische Heimat, um anschließend von Licht und Freude erfüllt zurückzukehren. Unsere Freude hat also in Wahrheit zwei Formen: uns bis zum Himmel erheben, um dort Schätze anzusammeln und dann auf die Erde zurückzukehren, um sie zu verteilen.

So wie die Menschen Glück und Vergnügen verwechseln, so verwechseln sie auch Freude und Vergnügen. Was ist Vergnügen? Ein angenehmes Gefühl. Doch es gibt Beschäftigungen, die überhaupt kein Vergnügen erwecken, aber die, wie die Hingabe und die Aufopferung, Quellen wahrer Freude sind. Und wenn ihr bewusst solche Freuden erfahren habt, ob gewollt oder nicht, lasst ihr die anderen daran teilhaben, während eure egoistischen Freuden ihnen nichts Gutes bringen. Glaubt mir, eines Tages werdet ihr entdecken, dass die Freude sich genau am entgegengesetzten Ende befindet, als ihr sie vermutet, nämlich im Opfer, im Verzicht auf möglichen Besitz und in der Begrenzung dessen, was ihr für eure Freiheit haltet.

Die größten Freuden, die spirituellen Freuden, haben kaum einen physischen Ausdruck, denn die höchsten Emotionen und Empfindungen sind oft nicht wahrnehmbar. Sie werden wie ein Erkennen, eine Fülle, eine Stille erlebt und sie sind unzerstörbar. Von solchen Freuden sprach Jesus, als er seinen Jüngern ankündigte: »Ich will euch wiedersehen und euer Herz soll sich freuen und eure Freude soll niemand von euch nehmen« (Jh. 16,22).

»Ich will euch wiedersehen...«. Jesus sprach natürlich von einer inneren Begegnung, die eine Verschmelzung mit der göttlichen Welt ist. Man muss sehr lange studieren, beten und arbeiten, damit sich diese Verschmelzung verwirklicht. Warum spricht Jesus von dieser Begegnung in der Zukunft? Warum nicht jetzt? Weil der Weg lang und eine Vorbereitung notwendig ist. Aber sobald diese Vorbereitung beendet ist, ist es endgültig und deshalb sagte Jesus: »... und eure Freude soll niemand von euch nehmen.« Jesus drückte diese Idee auch noch in einer anderen Form aus, indem er sagte: »Wer mich liebt, der wird mein Wort halten; und mein Vater wird ihn lieben und wir werden zu ihm kommen und Wohnung bei ihm nehmen« (Jh 14,23).

Solange ihr nicht das Feuer in eurer Seele zu ernähren wisst, nützt es nichts, die göttliche Gegenwart zu verlangen. Selbst wenn euch jemand diese Gegenwart gibt, werdet ihr sie sehr schnell verlieren, weil das Feuer, das ihr nicht in euch aufrechterhalten könnt, verlischt. Ihr wollt die Gottheit empfangen, so wie die Christen die Hostie empfangen, die ihnen der Priester gibt? Aber Gott ist nicht in der Hostie. Ihr selbst müsst den göttlichen Zustand erzeugen, gewinnen, erobern und ernähren. Was die Kirche ihren Anhängern eingetrichtert hat, entspricht nicht den göttlichen Gesetzen. Warum nimmt sie sich das Recht heraus, Gott zu geben? Sie sagt: »Öffne den Mund. Durch die gesegnete Hostie gebe ich dir das Göttliche.« Und so hält sie die Christen in der Faulheit. Deshalb bleiben so viele von ihnen abhängig und schwach. Niemand wird euch jemals Gott geben.

Ihr müsst Ihn selbst finden, indem ihr euch jeden Tag bemüht, Leiter für seine Weisheit und seine Liebe zu werden. Und sobald Er in euch eindringt, werdet ihr das ewige Leben kosten.

Die wahren Freuden müsst ihr sehr hoch oben in den Welten der Seele und des Geistes suchen, denn diese Welten sind unerschöpfliche Quellen. Wenn es auch nicht einfach ist, diese höheren Zustände der Harmonie, des Friedens und des Lichts zu erreichen, so ist es doch nicht das Schwierigste. Das Schwierigste ist es, sie beizubehalten. Oft lässt man sie durch mangelnde Aufmerksamkeit oder Nachlässigkeit dahingehen und vergisst sogar, dass man sie erlebt hat.

Ihr werdet sagen, dass ihr nicht stundenlang unbeweglich und mit geschlossenen Augen bleiben könnt, um diesen göttlichen Zustand beizubehalten. Sicher, es warten andere Beschäftigungen auf euch und natürlich gewöhnlichere. Aber während ihr diese verschiedenen Aufgaben erfüllt, könnt ihr sehr wohl versuchen, nicht in die niederen Bereiche des Bewusstseins herabzusteigen und über diesen Zustand zu wachen, wie auf einen wertvollen Gegenstand, den ihr mit euch führt. Von Zeit zu Zeit schaut ihr nach, um sicher zu sein, dass er immer noch da ist.

Wenn ihr zur Bank geht und Geld abhebt, dann steckt ihr es nicht irgendwie so in die Tasche, dass die Geldscheine herausschauen, denn es geht nicht darum, die Aufmerksamkeit von jemandem zu erwecken, der sich diese mit Vergnügen aneignen würde. Diese Wachsamkeit ist genauso notwendig und sogar noch wichtiger im astralen Bereich, wo es andere

Diebe gibt, die noch gefährlicher sind, als die auf der physischen Ebene, weil sie nicht zögern, euch eurer himmlischen Schätze zu berauben. Ihr seid abgelenkt, aber sie sind es nicht. Sie lauern auf Momente geringster Unaufmerksamkeit, um euch etwas zu stehlen. Es ist leichter, etwas zu erhalten, als es zu behalten. Das lässt sich auch im täglichen Leben beobachten, egal was man erworben hat. Wie viele Menschen, die fähig sind, all ihre Intelligenz, ihren Willen und ihre Geduld einzusetzen, um Erfolge zu erzielen und das zu erhalten, was sie sich wünschen, sind anschließend so nachlässig und unvorsichtig, dass sie alles verlieren! Warum ist das so? Wenn euch eine Idee, eine Inspiration, eine Begeisterung erfasst, bemüht euch, sie beizubehalten und nicht nur das, sondern sie auch zu ernähren und zu verstärken.

Vergesst niemals, dass lichtvolle Wesenheiten der unsichtbaren Welt euch beobachten. Sie interessieren sich dafür, was ihr sucht und wünscht. Wenn sie sehen, dass ihr euch auf das Wesentliche konzentriert, dann schenken sie euch eine Freude, die nichts und niemand auf Erden je wird geben können und die ihr auch nicht durch die größten Anstrengungen erreichen würdet. Was ihr auf diese Weise von ihnen erhaltet, solltet ihr mit größter Sorgfalt bewahren. Ihr ahnt nicht, wie viele Wesenheiten dafür gearbeitet haben, dass ihr es erhaltet. Ja, wie könnt ihr glauben, dass ihr alles alleine macht, ohne jede Hilfe?

Also seid jetzt weder nachlässig noch undankbar. Bewahrt diesen Schatz auf, bringt ihn in Sicherheit, damit er wächst und ihr ihn mit allen Wesen der Welt teilen könnt.

Anmerkungen

1. Siehe Band 215 der Reihe Izvor »Die wahre Lehre Christi«, Kapitel 7: »Vater vergib ihnen, denn sie wissen nicht, was sie tun«.
2. Siehe Band 237 der Reihe Izvor »Das kosmische Gleichgewicht - Die Zahl 2«, Kapitel 18: »Die Verschmelzung mit der universellen Seele und dem kosmischen Geist«.
3. Siehe Band 217 der Reihe Izvor »Ein neues Licht auf das Evangelium«, Kapitel 4: »Sammelt euch Schätze«.
4. Siehe Band 215 der Reihe Izvor »Die wahre Lehre Christi«, Kapitel 9: »Wachet und betet«.

Kapitel 18

Der Besuch der Engel

Freundlich gesinnte Wesen aus der unsichtbaren Welt verbreiten überall ihr Licht und ihren Segen. Sie können in jedem Augenblick nahe bei euch sein und darum müsst ihr aufmerksam sein, um ihre Geschenke und Botschaften zu empfangen.

Bestimmt habt ihr schon folgende Erfahrung gemacht: Ihr habt euch mit alltäglichen Dingen beschäftigt und an nichts Bestimmtes gedacht, doch plötzlich habt ihr etwas wie einen Strom gespürt, die Anwesenheit von jemandem dicht bei euch, etwas Lebendiges, das euch Licht, Frieden und Freude brachte. Was habt ihr dann getan? Unterbrecht in solchen Momenten jede Beschäftigung, um euch auf diese Anwesenheit zu konzentrieren, auf das Wesen, das euch gerade besucht. Diese seltenen und wertvollen Momente darf man nicht aus Nachlässigkeit vorbeiziehen lassen.

Diese himmlischen Besucher kommen, um euch zu unterrichten und euer Leben zu bereichern. Es ist ein Geschenk der göttlichen Welt. Wenn ihr nicht innehaltet, um diese Quintessenz in dem

Augenblick, wo sie gegenwärtig ist, zu spüren, war es umsonst. Ihr könnt dann lange suchen und flehen, die himmlischen Wesenheiten kommen nicht wieder. Oder aber sie kommen wieder, aber man weiß nicht wann... Man muss sie bei sich behalten, wenn sie sich zeigen, denn sonst habt ihr kurz danach nicht die geringste Vorstellung davon, was sie euch gebracht haben. Es ist wie ein Traum, von dem man beim Erwachen keinerlei Erinnerung hat, alles ist weg.

Ich sage euch nicht, dass ihr für mehrere Stunden aufmerksam, unbeweglich und konzentriert bleiben müsst. Aber nehmt euch die nötige Zeit, um euch bewusst zu werden, was diese himmlischen Besuche bedeuten, damit sie in euch eine unauslöschliche Spur hinterlassen. Dieses plötzliche Eindringen der göttlichen Welt ist ein Gefühl, das nicht täuscht. Es ist, als wenn sich plötzlich etwas in euch öffnet, sich erhellt, eurem Dasein weitere Dimensionen gibt und euch hilft, den spirituellen Weg, den ihr eingeschlagen habt, mit mehr Sicherheit fortzusetzen.

Wenn solche Besuche auch unerwartet sind, so soll dies nicht heißen, dass die Engel einfach irgendjemanden irgendwo besuchen. Selbst wenn sie bereit sind, allen Menschen Hilfe und Freude zu bringen, so besuchen sie doch eher die Geschöpfe, die ihnen günstige Bedingungen vorbereiten. Was macht ihr, wenn ihr auf den Besuch eurer Freunde hofft? Ihr ladet sie zum Essen ein und bereitet ihnen eine gute Mahlzeit. Und um Vögel zu eurem Fenster zu locken? Ihr legt auf das Fensterbrett einige Körner. Das beste Mittel, um Geschöpfe anzuziehen, ist ihnen die Nahrung zu geben, die sie mögen. Das stimmt auf der physischen Ebene und gilt genauso auf der psychischen und spirituellen Ebene.[1]

Innerlich produzieren wir ständig Früchte, von denen sich die Menschen, aber auch die Wesen der unsichtbaren Welt ernähren. Diese Früchte sind unsere Gedanken und Gefühle. Je nach den Früchten, die wir geben, ziehen wir lichtvolle oder finstere Wesen an, denn jeder sucht die Nahrung, die ihm entspricht. Eine Nahrung, welche die einen anzieht, stößt im Allgemeinen die anderen ab. Wir müssen also wissen, wen wir anziehen wollen. Um von engelhaften Wesen erhoben, gestärkt und erleuchtet zu werden, müssen wir ihnen die einzige Nahrung anbieten, die sie mögen: Gedanken, Gefühle und Handlungen, die von der Liebe Gottes und der Menschen sowie von Güte, Großzügigkeit und dem Geist des Opfers inspiriert sind.[2] Meister Peter Danov sagte: »Jede göttliche Idee, an die ihr glaubt, wird von lichtvollen Geistern der unsichtbaren Welt unterstützt. Jeder gibt euch seine Unterstützung, jeder gibt euch einen Schwung für die Verwirklichung dieser Idee. So schwach auch die Festigkeit einer solchen Idee in eurem Kopf sein mag, so verstärken diese Geister sie unvermeidlich, sobald sie kommen. Ja, denn der Raum ist voller Wesenheiten, die von allen edlen Neigungen des Menschen angezogen werden. Es ist als ob man sie ruft, und sie kommen sofort herbeigeeilt. Für sie gibt es weder Entfernung noch Grenzen. Sie sind die unsichtbaren Helfer des Menschen.«

Wir gehören zu einer riesigen Familie, die nicht nur auf der Erdoberfläche, sondern auch auf anderen Planeten und Sternen verstreut ist. Alle Mitglieder dieser Familie erhalten jeden Tag Botschaften. Es genügt jedoch nicht, sie so zu empfangen, wie all die Zeitungen in den Briefkästen, die man in den Papierkorb wirft, nachdem man sie flüchtig überflogen hat. Man muss sie aufmerksam studieren, um darin Hinweise für den Tag, Inspiration und Nahrung zu finden.

Jedes menschliche Wesen gehört von Natur aus dieser Familie an, aber um ihr wirklich anzugehören, muss man bestimmten Anforderungen entsprechen. So wie ihr auf der Erde einer Familie angehört, weil ihr einen Vater und eine Mutter habt, so sind es auf der spirituellen Ebene die Tugenden des Geistes, eures Vaters, und die der Seele, eurer Mutter, die euch geboren haben und die euch weiterhin ernähren und formen.[3] Und so wie ihr Eltern habt, so habt ihr auch ein Zuhause. Das Haus, in dem ihr himmlische Geschenke empfangt, kann keine Bruchbude sein. Natürlich spreche ich von eurem inneren Haus. Es kann ein Garten, ein Palast, ein Tempel oder ein Stern sein.[4]

Es kann auch eine einfache Blume sein, eine Rose oder aber ein Berggipfel. Die Botschafter von oben mögen solche Orte sehr gerne. Natürlich beurteilen sie euch auch nach euren Beschäftigungen, ob sie für andere nützlich sind.

Um euch die Wirklichkeiten des spirituellen Lebens zu erklären – von dem die meisten Menschen nur sehr ungenaue Vorstellungen haben –, muss ich

Beispiele aus dem täglichen Leben nehmen. Wenn ihr euch also morgens beim Aufwachen trotz der Dinge, die auf euch warten, nicht gut fühlt und euch alles vernebelt erscheint, so bedeutet dies, dass ihr den Brief nicht empfangen habt, der für euch bestimmt war. Warum? Weil ihr euch zweifelsohne am Vorabend an etwas düsteren Orten aufgehalten habt, wo die himmlische Post euch nicht aufsucht.

Die himmlischen Briefträger machen ihre Arbeit gut, aber sie bringen euch das, was sie für euch haben, nur an lichtvollen und reinen Orten. Ihr müsst euch bis dorthin aufschwingen, damit sie euch die Briefe überbringen. Wenn ihr zwischendurch aus Faulheit oder Nachlässigkeit diese Orte verlassen habt, um in die unteren Schichten des Bewusstseins hinabzusteigen, wo eure spirituellen Organe eingeschlafen sind, dann empfangt ihr natürlich nichts mehr. Ihr müsst in diesen Zustand zurückkehren, um die Post aufzusammeln, die sich während eurer Abwesenheit angehäuft hat. Denn ihr müsst wissen, nichts geht verloren. Die Geschenke und Botschaften, die euch bestimmt sind, warten auf euch. Ihr müsst sie nur dort suchen, wo sie abgeliefert wurden.

Wir werden jeden Tag von wohlwollenden Wesen der unsichtbaren Welt besucht. Wenn wir weiterhin atmen, essen, laufen und arbeiten können, so deswegen, weil sie uns jeden Tag unterstützen. Und wir werden nicht nur getragen und unterstützt, sondern wir empfangen auch Elemente, die aus uns Schöpfer eines neuen Lebens machen.

Auch wir helfen unsererseits bestimmten Wesen, die, wenn sie die Unterstützung empfangen, nicht wissen, woher sie kommt. Jedes lebendige Wesen sendet Wellen aus. Indem wir lichtvolle Gedanken und warmherzige Gefühle in uns ernähren, indem wir beten und meditieren, strahlen wir wohltuende Wellen aus, die Geschöpfen in Bedrängnis eine Erleichterung verschaffen. Ist das nicht ein Grund und eine Freude, um zu leben? Wie ermutigend ist es, zu wissen, dass uns von entwickelten Wesen geholfen wird und dass auch wir anderen helfen können!

Nehmt an, dass etwas oder jemand euch wehgetan hat und ihr entmutigt und niedergedrückt umherlauft. Doch dann begegnet ihr einem Gesicht, einem so wunderbaren Blick, dass ihr getröstet und erleichtert heimkehrt. Der Himmel hat euch also nicht verlassen und euch jemanden aus dieser Menge geschickt, um euch wieder Mut zu geben. Wenn ich auf einen solchen Blick treffe, so weiß ich, dass es nicht die Person selbst ist, die ihn mir gegeben hat, sondern eine Wesenheit, die in sie eingetreten ist, um mich anzuschauen. Und in diesem Blick lese ich so viele Dinge! Ich sehe vor allem, dass eine Welt der Schönheit und des Lichts existiert, zu der die Schikanen der Erde keinen Eintritt haben.

Solche Erfahrungen müssten euch bewusst machen, dass ihr ständig mit Tausenden von wohlwollenden Wesenheiten verbunden seid. Sie kommen, um euch zu begegnen, warum spürt ihr das nicht? Warum fügt ihr euren tatsächlichen Leiden auch noch das Gefühl hinzu, alleine und hilflos zu sein? Einen Augenblick lang schient ihr am Boden zerstört, aber plötzlich habt ihr wieder Kraft und Mut gefunden. Dankt also all den Wesen, die euch zu Hilfe geeilt sind. Je bewusster und dankbarer ihr werdet, desto mehr zieht ihr deren Gegenwart an.

Dank dieser lichtvollen Geister der unsichtbaren Welt finden wir Lösungen für unsere Probleme und den Mut, um voranzukommen und die Inspiration, um schöpferisch zu sein. Was wir täglich erleben und schon alleine das, was wir sehen und hören müssen, ist manchmal so schwer zu ertragen! Wie würde es uns gehen, wenn nicht intelligente und wohlwollende Geister an unserem Leben teilhaben würden, um uns zu helfen, unser Gleichgewicht zu wahren?

Ich habe euch gesagt, dass wir den Geschöpfen die richtige Nahrung anbieten müssen, wenn wir wollen, dass sie auf unsere Einladung reagieren. Und weil die engelhaften Geschöpfe die Harmonie schätzen, werden sie von Musik und Gesang angezogen. Dieser Glaube rührt von alten Zeiten her. So weit man in der Geschichte der Menschen zurückgeht, haben Musik und Gesang immer heilige Zeremonien begleitet. Die himmlischen Wesenheiten lieben die Musik, sie sind selbst Musik. Deshalb haben so viele Maler das Paradies so dargestellt, dass es mit Engeln bevölkert ist, die singen und alle möglichen Instrumente spielen.

Die Klänge, ob von Instrumenten oder Stimmen, haben eine große Macht, und nicht nur weil sie den Ohren gefallen, sondern wegen der Macht ihrer Schwingungen. Ihr kennt das Konzert von Beethoven, das »Kaiserkonzert« genannt wird. Dieses

Konzert beeindruckt mich immer durch seine Kraft und Einheit. Vom Anfang bis zum Ende besteht es aus einem einzigen Satz und wird von dem gleichen Energiestrom immer in die gleiche Richtung getragen. Trotz der Vielfalt der Motive, die sich abwechseln, behält es immer seine Einheit. Und wenn in einigen musikalischen Werken die Teile ohne wirkliche Verbindung aneinandergereiht sind, so fühlt man in diesem Stück, dass sie aufeinanderfolgen wie ein lebendiges Wesen, das sich entwickelt und weiß, wohin es geht, weil es überzeugt und entschlossen ist. Nichts kann es von seinem Weg ablenken. Beethovens ganze Genialität liegt darin und man fühlt sich von einem unwiderstehlichen Schwung getragen und in seinen Überzeugungen gestärkt, wenn man dieses Konzert hört.

Und die »Missa Solemnis«... Es geht von ihr eine solche Kraft aus, dass ich manchmal spüre, wie meine Seele sich von meinem Körper löst und sich im Raum verstreuen will. Man muss sich nicht nur der Macht der Musik bewusst werden, sondern auch versuchen, die Schwingungen zu nutzen, die durch die Gefühle derer, die sie spielen oder hören, verstärkt werden und eine günstige Atmosphäre für das Kommen der lichtvollen Wesenheiten schaffen.[5]

In einer Einweihungsschule hat die Musik und vor allem der Gesang eine sehr wichtige Rolle. Da wir beim Singen selbst das Instrument sind, das die Klänge erzeugt, hat das Singen auf uns, auf unseren physischen Körper und auf unsere feinstofflichen Körper die mächtigsten Wirkungen. Durch das Singen senden wir Wellen und Kraftströme aus, die in uns Formen schaffen und deshalb ist es so wichtig, die mystische Funktion des Singens wiederzufinden, indem wir unsere ganze Aufmerksamkeit auf die Melodie, aber auch auf die Worte lenken. Vor allem aber müssen wir wissen, die richtigen Lieder zu wählen.

Das Wort erschafft Welten und diese Welten bleiben sehr lange bestehen. Man kann nicht wissen, wie lange diese Wirkungen anhalten. Was soll man dagegen von der Musik denken, die man heutzutage mehr und mehr hört, diese hysterische Musik, die auch noch die gewalttätigen und zerstörerischen Worte unterstreicht? Man darf niemals die Wirkungen der Musik unterschätzen und vor allem nicht die des Gesangs.

Die mystischen Lieder, die wir mit vollem Bewusstsein ihrer Macht und dem Verlangen singen, uns mit der Kosmischen Ordnung zu harmonisieren, sind genau das, was die Engel anzieht. Sie nähern sich und sagen: »Hier sind wir richtig.« Und sie fangen an, sich in den höheren Regionen unseres Gehirns niederzulassen, wohin sie auch ihre Instrumente, ihre Geigen und Harfen mitnehmen und sich mit unseren Stimmen vermischen. Und wenn sie die Gegenwart dieser königlichen Besucher spüren, verstehen die finsteren Wesenheiten, die noch dort verweilen, dass es keinen Platz mehr für sie gibt, und sie entfernen sich.

Ich erinnere mich an die Zeit, als es in den Städten und Dörfern Bulgariens noch Straßenmusiker und Sänger gab. Die Passanten gaben ein paar Geldstücke und manchmal öffnete sich auch ein Fenster, hinter dem das Gesicht eines hübschen jungen Mädchens erschien, das lächelnd Geldstücke warf. Dies ist ein Bild unserer Beziehungen zur unsichtbaren Welt. Wir singen unter den Fenstern der himmlischen Paläste und die Engel werfen uns Geldstücke zu: Freude und Licht.

Mit den Liedern des Meisters Peter Danov haben wir ein reiches Repertoire![6] Lernt sie, singt sie. Singt »Blagoslaviai, douche moia, Gospoda« (Lobpreise den Herrn, meine Seele), indem ihr euer ganzes Bewusstsein hineinlegt, als würdet ihr vor dem Ewigen singen. Legt eure ganze Seele in dieses Lied. Die Engel werden kommen, um eurem Gebet zu lauschen und es bis zu Seinem Thron zu bringen.

Die Wesenheiten der unsichtbaren Welt sind immer bereit, euch Licht, Freude und Liebe zu bringen. Sie sind Gärtner, die sich eures inneren Gartens annehmen. Während wir ihre Ankunft erwarten, müssen wir um uns herum eine sehr reine Atmosphäre schaffen, um sie anzuziehen, aber auch, um sie nicht wieder gehen zu lassen.

Der günstigste Moment für diese Arbeit ist der Sonnenaufgang. Während die Sonne sich Stück für Stück über den Horizont erhebt, ändert sie ihre Farbe. Wenn sie anfangs erscheint, ist sie rot, dann orange, dann gelb und je nach der Qualität der Luft kann sie auch einige Grün-, Blau- und Violettöne annehmen. Zuletzt wird sie schließlich leuchtend weiß. Während sie sich über dem Himmel erhebt, singt die Sonne die ganze Leiter der Farben und jede einzelne gibt einen Klang. Welche Symphonie also, wenn sie beim leuchtenden Weiß ankommt!

In dieser Symphonie, in dieser Lichterpracht reinigt sich unsere Aura, stärkt sich und schwingt intensiver. Sie gibt den Engelwesen Zeichen, und sie sehen, dass sie zu einem Fest geladen sind.[7] Sie eilen herbei, um daran teilzunehmen, und sie bringen, wie alle Gäste bei einem Fest, Geschenke mit.

Anmerkungen

1. Siehe Band 236 der Reihe Izvor »Weisheit aus der Kabbala – Der lebendige Strom zwischen Gott und Mensch«, Kapitel 3: »Die Engelshierarchien«.
2. Siehe Band 214 der Reihe Izvor »Liebe, Zeugung und Schwangerschaft – Die geistige Galvanoplastik und die Zukunft der Menschheit«, Kapitel 11: »Die Kinder von Verstand und Herz«.
3. Siehe Band 237 der Reihe Izvor »Das kosmische Gleichgewicht - Die Zahl 2«, Kapitel 4: »Der jeweilige Platz des Männlichen und des Weiblichen«.
4. Siehe Band 223 der Reihe Izvor »Geistiges und künstlerisches Schaffen«, Kapitel 12: »Der Aufbau des Tempels«.
5. Siehe Band 223 der Reihe Izvor »Geistiges und künstlerisches Schaffen«, Kapitel 5: »Die Stimme«, Kapitel 6: »Chorgesang« und Kapitel 7: »Die beste Weise, Musik zu hören«.
6. CD 911510 »Chants de la Fraternité Blanche Universelle«.
7. Siehe Band 309 der Reihe Broschüren »Die Aura – Unsere geistige Haut«.

Omraam Mikhaël Aïvanhov

Vom selben Autor:

Taschenbuch-Reihe Izvor

200 – Hommage an Meister Peter Danov

O. M. Aivanhov erzählt von seinen Erlebnissen mit seinem Meister Peter Danov.

201 – Auf dem Weg zur Sonnenkultur

Die Sonne, Begründerin der Kultur / Surya-Yoga / Die Suche nach dem Zentrum / Die nährende Sonne / Der Solarplexus / Der Mensch, Abbild der Sonne / Die Geister der sieben Lichter / Die Sonne als Vorbild / Die wahre Sonnenreligion.

202 – Der Mensch erobert sein Schicksal

Das Gesetz von Ursache und Wirkung / »Du sollst das Feine vom Dichten sondern« / Entwicklung und Schöpfung / Menschliche und göttliche Gerechtigkeit / Das Gesetz der Entsprechungen / Die Gesetze der Natur und die Gesetze der Moral / Das Gesetz der Einprägung / Die Reinkarnation.

203 – Die Erziehung beginnt vor der Geburt

Zuerst müssen die Eltern erzogen werden / Die Erziehung beginnt vor der Geburt / Ein Entwurf für die Zukunft der Menschheit / Kümmert euch um eure Kinder / Eine neues Verständnis der mütterlichen Liebe / Das magische Wort / Ein Kind braucht immer eine Beschäftigung / Die Kinder müssen auf ihr küntiges Lebens als Erwachsene vorbereitet werden /Der Sinn für das Zauberhafte soll dem Kind erhalten bleiben / Liebe ohne Schwäche / Erziehung und Unterricht.

204 – Yoga der Ernährung

Die Ernährung betrifft das ganze Wesen / Hrani-Yoga / Die Nahrung, ein Liebesbrief des Schöpfers / Die Auswahl der Nahrung / Der Vegetarismus / Die Ernährung und ihre Moral / Das Fasten / Vom Abendmahl / Der Sinn der Segnung / Die Arbeit des Geistes an der Materie / Das Gesetz vom Austausch.

205 – Die Sexualkraft oder geflügelte Drache

Der geflügelte Drache / Liebe und Sexualität / Die Sexualkraft, Voraussetzung für das Leben auf Erden / Vom Vergnügen / Die Gefahren des Tantrismus / Lieben ohne Gegenliebe zu erwarten / Die Liebe ist im ganzen Universum verbreitet / Die geistige Liebe, eine Nahrung auf höherer Ebene / Das hohe Ideal - Transformator der Sexualkraft / Öffnet der Liebe einen Weg nach oben.

206 – Eine universelle Philosophie

Einige Erklärungen zum Begriff »Sekte« / Keine Kirche ist ewig / Hinter den Formen den Geist suchen / Die Kirche des heiligen Johannes und ihre Ankunft / Die Grundlagen einer universellen Religion / Die Große Universelle Weiße Bruderschaft / Wie man den Begriff »Familie« erweitert / Die Bruderschaft, ein höherer Bewusstseinsgrad / Die Kongresse der Bruderschaft in Le Bonfin / Jeder Aktivität eine universelle Dimension geben.

207 – Was ist ein geistiger Meister?

Wie man einen wirklichen geistigen Meister erkennt / Von der Notwendigkeit eines geistigen Führers / Spielt nicht den Zauberlehrling! / Spiritualität nicht mit Exotik verwechseln / Vom Ausgleich zwischen geistiger und materieller Welt / Der Meister, ein Spiegel der Wahrheit / Erwartet von einem Meister nur das Licht / Der Schüler vor dem Meister / die universelle Dimension eines Meisters / Die magische Gegenwart eines Meisters / Die Identifizierung / »Wenn ihr nicht werdet wie die Kinder«.

208 – Das Egregore der Taube. Innerer Friede und Weltfriede

Ein besseres Verständnis des Friedens / Die Vorteile derVölkervereinigung / Aristokratie und Demokratie / Kopf und Magen / Vom Geld / Über die Verteilung des Reichtums / Kommunismus und Kapitalismus, zwei sich ergänzende Philosophien / Eine neue Auffassung der Wirtschaft / Was jeder Politiker wissen sollte / Das Reich Gottes.

209 – Weihnachten und Ostern in der Einweihungslehre

Das Weihnachtsfest / Die zweite Geburt / Die Geburt auf den verschiedenen Ebenen / »Wenn ihr nicht sterbt, so werdet ihr nicht leben!« / Die Auferstehung und das Jüngste Gericht / Der Auferstehungsleib.

210 – Die Antwort auf das Böse

Die beiden Bäume im Paradies / Das Gute und das Böse - Zwei Kräfte, die das Rad des Lebens drehen / Jenseits von Gut und Böse / Das Gleichnis vom Unkraut und vom Weizen / Die Philosophie der Einheit / Die drei großen Versuchungen / Die Frage der Unerwünschten / Über den Selbstmord / Das Böse durch Licht und Liebe besiegen / Sich spirituell stärken, um die Prüfungen zu überwinden.

211 – Die Freiheit, Sieg des Geistes

Die psychische Struktur des Menschen / Die Beziehungen zwischen Geist und Körper / Schicksal und Freiheit / Der befreiende Tod / Die Freiheit des Menschen liegt in der Freiheit Gottes / Die wahre Freiheit / Sich begrenzen, um sich zu befreien / Anarchie und Freiheit / Über den Begriff der Hierarchie / Die innere Synarchie.

212 – Das Licht, lebendiger Geist

Das Licht, Essenz der Schöpfung / Die Sonnenstrahlen: ihre Natur und ihre Aktivität / Das Gold, kondensiertes Sonnenlicht / Das Licht macht es möglich zu sehen und gesehen zu werden / Die Arbeit mit dem Licht / Das Prisma, Bild des Menschen / Die Reinheit öffnet dem Licht die Türen / Das intensive Leben des Lichts leben / Der Laserstrahl im geistigen Leben.

213 – Die menschliche und göttliche Natur in uns

Menschlich... oder tierisch? / Die niedere Natur, eine umgekehrte Spiegelung der höheren Natur / Auf der Suche nach unserer wahren Identität / Über die Möglichkeit, den Begrenzungen der niederen Natur zu entgehen / Die Sonne, Symbol der göttlichen Natur / Die niedere Natur beherrschen und als Energiequelle benutzen / Der höheren Natur mehr Äußerungsmöglichkeit geben: sich bessern / Die Stimme der göttlichen Natur / Der Mensch kann sich nur dann entfalten, wenn er seiner höheren Natur dient / Die höhere Natur in sich selbst und anderen fördern / Die Rückkehr des Menschen in Gott.

214 – Liebe, Zeugung und Schwangerschaft
Die geistige Galvanoplastik / Mann und Frau - Abbild des männlichen und weiblichen Prinzips / Die Ehe / Lieben ohne Besitzanspruch / Wie man der Liebe eine edlere Ausdrucksform gibt / Nur die geistige Liebe schützt die menschliche Liebe / Der Liebesakt aus der Sicht der Einweihungslehre / Die Sexualkraft, Bestandteil der Sonnenenergie / Die Zeugung eines Kindes / Die Schwangerschaft / Die Kinder von Verstand und Herz / Die Frau soll ihren wahren Platz wieder einnehmen / Das Reich Gottes, Kind der kosmischen Frau.

215 – Die wahre Lehre Christi
»Vater unser, der Du bist im Himmel« / »Ich und der Vater sind eins« / »Seid vollkommen, wie euer Vater im Himmel vollkommen ist« / »Suchet zunächst das Reich Gottes und seine Gerechtigkeit« / »Wie im Himmel, so auf Erden« / »Wer mein Fleisch isst und mein Blut trinkt, hat das ewige Leben« / »Vater vergib ihnen, denn sie wissen nicht, was sie tun« / »Wenn dich jemand auf deine rechte Backe schlägt…« / »Wachet und betet«.

216 – Geheimnisse aus dem Buch der Natur
Das Buch der Natur / Tag und Nacht / Quelle und Sumpf / Die Vermählung, ein universelles Symbol / Die Arbeit mit den Gedanken zur Gewinnung der Quintessenz / Die Macht des Feuers / Die entschleierte Wahrheit / Der Hausbau / Rot und weiß / Der Strom des Lebens / Das neue Jerusalem / Lesen und schreiben.

217 – Ein neues Licht auf das Evangelium
»Man füllt nicht jungen Wein in alte Schläuche« / »Wenn ihr nicht werdet wie die Kinder« / Der ungerechte Verwalter / »Sammelt euch Schätze« / »Gehet ein durch die enge Pforte« / »Wer auf dem Dach ist...« / Der Sturm, der sich gelegt hat / »Die Ersten werden die Letzten sein« / Das Gleichnis von den fünf törichten und den fünf klugen Jungfrauen / »Das ist das ewige Leben, dass sie dich erkennen, der du allein wahrer Gott bist!«.

218 – Die geometrischen Figuren und ihre Sprache
Die Symbolik der Geometrie / Der Kreis / Das Dreieck / Das Pentagramm / Die Pyramide / Das Kreuz / Die Quadratur des Kreises.

219 – Geheimnis Mensch
Die menschliche Evolution und die Entwicklung der spirituellen Organe / Die Aura / Das Sonnengeflecht / Das Harazentrum / Die Kundalinikraft / Die Chakras.

220 – Der Tierkreis, Schlüssel zu Mensch und Kosmos
Der vom Tierkreis abgegrenzte Raum / Die Entwicklung des Menschen und der Tierkreis / Der planetarische Zyklus der Stunden und Wochentage / Das Kreuz des Schicksals / Die Achsen Widder-Waage und Stier-Skorpion / Die

Achse Jungfrau-Fische / Die Achse Löwe-Wassermann / Wasser- und Feuerdreieck / Der Stein der Weisen: Sonne, Mond und Merkur / Die 12 Stämme Israels und die 12 Heldentaten des Herkules in Verbindung mit dem Tierkreis.

221 – Alchimistische Arbeit und Vollkommenheit
Die geistige Alchimie / Der menschliche Baum / Charakter und Temperament / Das Erbe aus dem Tierreich / Die Angst / Die Klischees / Die Veredelung / Die Verwendung der Energien / Das Opfer, Umwandlung der Materie / Eitelkeit und göttlicher Ruhm / Hochmut und Demut / Die Sublimierung der Sexualkraft.

222 – Die Psyche des Menschen
»Erkenne dich selbst« / Eine synoptische Tafel / Von Seelen und Körpern / Herz, Intellekt, Seele und Geist / Die Schulung des Willens / Körper, Seele und Geist / Äußeres und inneres Erkennen / Vom Intellekt zur Intelligenz / Die wahre Erleuchtung / Der Kausalkörper / Das Bewusstsein / Das Unterbewusstsein / Das höhere Ich.

223 – Geistiges und künstlerisches Schaffen
Kunst, Wissenschaft und Religion / Die göttlichen Quellen der Inspiration / Die Aufgabe der Phantasie / Dichtung und Prosa / Die Stimme / Chorgesang / Die beste Weise, Musik zu hören / Magie der Gestik / Die Schönheit / Idealisieren als Mittel zum Erschaffen / Das lebendige Meisterwerk / Der Aufbau des Tempels / Nachwort.

224 – Die Kraft der Gedanken
Von der Wirklichkeit der spirituellen Arbeit / Wie man sich die Zukunft vorstellen soll / Die psychische Verschmutzung / Leben und Kreisen der Gedanken / Wie die Gedanken sich in der Materie verwirklichen / Nach dem Gleichgewicht von materiellen und spirituellen Mittel suchen / Die Kraft des Geistes / Einige Gesetze, die bei der geistigen Arbeit zu beachten sind / Das Denken als hilfreiche Waffe / Die Kraft der Konzentration / Die Grundlagen der Meditation / Das schöpferische Gebet / Die Suche nach dem Gipfel.

225 – Harmonie und Gesundheit
Das Wesentliche ist das Leben / Die Welt der Harmonie / Harmonie und Gesundheit / Die spirituellen Grundlagen der Medizin / Atmung und Ernährung / Die Atmung / Die Ernährung auf den verschiedenen Ebenen / Wie man Müdigkeit vermeidet / Die Pflege der Zufriedenheit.

226 – Das Buch der göttlichen Magie
Die Wiederkehr magischer Praktiken und ihre Gefahr / Der magische Kreis: die Aura / Der magische Stab / Das magische Wort / Die Talismane / Über die Zahl 13 / Der Mond, Gestirn der Magie / Die Zusammenarbeit mit den Naturgeistern / Blumen und Düfte / Wir alle üben Magie aus / Die drei magischen Hauptgesetze / Die Hand / Der Blick / Die magische Kraft des Vertrauens / Die wirkliche Magie ist die Liebe / Ihr solltet niemals versuchen Rache zu üben / Exorzismus und Weihe von Gegenständen / Schützt eure Wohnstätte.

227 – Goldene Regeln für den Alltag
Das kostbarste Gut: das Leben / Bringt materielles und geistiges Leben in Übereinstimmung / Widmet euer Leben einem erhabenen Ideal / Der Alltag, Materie, die der Geist umwandeln soll / Das Essen als Yogaübung betrachten / Die Atmung / Wie man wieder zu Kräften kommt / Liebe macht unermüdlich / Der technische Fortschritt schenkt dem Menschen mehr Zeit für die spirituelle Arbeit / Gestaltet euer inneres Zuhause / Die Außenwelt ist ein Spiegelbild eurer Innenwelt / Eure Zukunft wird so sein, wie ihr eure Gegenwart lebt / Kostet die Fülle der Gegenwart / die Bedeutsamkeit des Anfangs / Sucht das Licht, bevor ihr handelt / Achtet immer auf die erste Bewegung / Werdet euch eurer Denkgewohnheiten bewusst / Aufmerksamkeit und Wachsamkeit / Das Leben spirituell ausrichten / Legt mehr Wert auf die Praxis als auf die Theorie / usw.

228 – Einblick in die unsichtbare Welt
Das Sichtbare und das Unsichtbare / Das begrenzte Wahrnehmungsvermögen des Intellekts und das unbegrenzte Wahrnehmungsvermögen der Intuition / Der Zugang zur unsichtbaren Welt: von Jesod nach Tiphereth / Die Hellsichtigkeit: Aktivität und rezeptivität / Sollte man sich von Hellsehern beraten lassen? / Liebt, und eure Augen werden sich auftun / Die Botschaften des Himmels / Sichtbares und unsichtbares Licht / Die höchsten Entwicklungsstufen der Hellsichtigkeit / Das spirituelle Auge / Gottesvision / usw.

229 – Wege der Stille
Lärm und Stille / Die Verwirklichung der inneren Stille / Laßt eure Sorgen vor der Tür / Eine Übung: in Stille essen / Die Stille, ein Energiespeicher / Die Bewohner der Stille / Harmonie als Voraussetzung der inneren Stille / Die Stille, Voraussetzung für das Denken / Suche nach Stille, Suche nach dem Zentrum / Menschliches und Göttliches Wort / Das Wort eines Meisters in der Stille / Stimme der Stille, Stimme Gottes / Die Offenbarungen des Sternenhimmels / »Das stille Kämmerlein«.

230 – Die Himmlische Stadt
Besucht auf Patmos / Einführung in die Offenbarung / Melchisedek und die Lehre von den beiden Prinzipien / Briefe an die Gemeinden von Ephesus und Smyrna / Brief an die Gemeinde von Pergamon / Brief an die Gemeinde von Laodizäa / Die Vierundzwanzig Ältesten und die vier Heiligen Tiere / Das Buch und das Lamm / Die 144.000 Diener Gottes / Die Frau und der Drache / Erzengel Michael streckt den Drachen nieder / Der Drache speit Wasser auf die Frau / Das Tier, das aus dem Meer emporsteigt und das Tier, das aus der Erde emporsteigt / Das Hochzeitsfest des Lammes / Der für tausend Jahre gefesselte Drache / Der Neue Himmel und die Neue Erde / Die Himmlische Stadt.

231 – Saaten des Glücks
Das Glück ist eine Gabe, die gepflegt werden muss / Vergnügen ist noch kein Glück / Nur die richtige Arbeit macht glücklich / Die Philosophie der Anstrengung / Licht ist das, was glücklich macht / Der Sinn des Lebens / Frieden und Glück / Seid »lebendig«, um glücklich zu sein / erhebt euch über die Lebensbedingungen! / Entwickelt eure Sensibilität für die göttlich Welt / Das Land Kanaan / Der Geist steht über den Gesetzen des Schicksals / Sucht das Glück in höheren Regionen! / Die Suche nach Glück ist die Suche nach Gott /

Für Selbstsüchtige gibt es kein Glück / Gebt, ohne etwas dafür zu erwarten! / Liebt, ohne Gegenliebe zu verlangen! / Von der Nützlichkeit der Feinde / Der garten von Seele und Geist / Die Vereinigung auf höherer Ebene / Wir sind die Schöpfer unserer Zukunft.

232 – Feuer und Wasser, Wunderkräfte der Schöpfung

Wasser und Feuer, Grundprinzipien der Schöpfung / Das Geheimnis der Verbrennung / Die Entdeckung des Wassers / Wasser und Zivilisation / Eine lebendige Kette: Sonne-Erde-Wasser / Die Arbeit des Schmiedes / Das Gebirge, Mutter des Wassers / Vom physischen Wasser zum spirituellen Wasser / Nährt eure Flamme / Das Feuer ist das Mittel der Verwirklichung / Der Kreislauf des Wassers: Die Reinkarnation / Der Zyklus der Wassers: Liebe und Weisheit / Die Flamme der Kerze / Wie man das Feuer anzündet und erhält / Das Wasser, Medium universalis / Der Zauberspiegel / Der Baum des Lichtes / Das Herabsteigen des Heiligen Geistes / Bilder als Begleiter auf unserem Lebensweg.

233 – Eine Zukunft für die Jugend

Die Jugend ist wie die Erde im Entwicklungsprozess / Die Grundlage unserer Existenz ist der Glaube an einen Schöpfer / Der Sinn für das Heilige / Die Stimme der höheren Natur / Den richtigen Weg einschlagen / Studieren genügt nicht, um dem Leben einen Sinn zu geben / Der Charakter ist wichtiger als das Wissen / Erfolg wie Misserfolg meistern / Erkennt, wonach Seele und Geist streben! / Die göttliche Welt ist unsere innere Welt / Warum wird man in diese oder jene Familie hineingeboren? / Lernt aus den Erfahrungen der Älteren! / Vergleicht euch mit spirituell Höherstehenden, um voranzukommen! / Die Liebe unterstützt den Willen / Gebt euch nie geschlagen! / Laßt euch nicht durch eure Fehler entmutigen! / Der wahre Künstler der Zukunft / Sexuelle Freiheit? / Bewahrt die Poesie eurer Liebe! / Tretet ein in die universelle Familie!

234 – Die Wahrheit, Frucht der Weisheit und der Liebe

Die Suche nach der Wahrheit / Die Wahrheit, Kind der Weisheit und der Liebe / Weisheit und Liebe oder Licht und Wärme / Die Liebe des Schülers, die Weisheit des Meisters / Der Kern der Wahrheit / »Ich bin der Weg, die Wahrheit und das Leben« / Der blaue Strahl der Wahrheit / Die wirklich wahre Wahrheit / Bleibt der Wahrheit treu / Über Geschmack lässt sich nicht streiten / Objektive und subjektive Welt / Die Vorrangstellung der subjektiven Welt / Wissenschaftlicher Fortschritt und moralischer Fortschritt / Wahrheit der Wissenschaft und Wahrheit des Lebens / Wie man lernt, alles so zu sehen, als sei es zum ersten Mal. / Traum und Wirklichkeit / Die Wahrheit jenseits von Gute und Böse / Die Wahrheit wird euch frei machen.

235 – Im Geist und in der Wahrheit

Das Gerüst des Universums / Das Göttliche Amt für Gewichte und Maße / Die Verbindung mit dem Zentrum / Die Eroberung des Gipfels / Von der Vielfalt zur Einheit , Teil 1 und Teil 2 / Die Errichtung des Gebäudes / Die Kontemplation der Wahrheit: Die entschleierte Isis, Teil 1 und Teil 2 / Das Lichtkleid / Die Haut, Organ der Erkenntnis / Der Duft des Garten Eden / Im Geist und in der Wahrheit / Das Bild als einfache Stütze für das Gebet / Überreste sind nichts als Spuren ohne Geist / Nur im Geist begegnet man den Wesen wirklich / Die Sonne, Quintessenz jeder wahren Religion / Die Wahrheit der Sonne: Das Geben / Das Reich Gottes ist in uns.

236 – Weisheit aus der Kabbala

Vom Menschen zu Gott: Der Hierarchiebegriff / Darstellung des Lebensbaumes / Die Engelshierarchien / Die Namen Gottes / Die Sephiroth der mittleren Säule / Ain Soph Aur: Licht ohne Ende / Die Materie des Universums: das Licht / »Als der Ewige den Kreis zog über den Fluten der Tiefe...« / »Das Reich Gottes gleicht einem Senfkorn« / Die kosmische Familie und das Mysterium der Heiligen Dreifaltigkeit / Der Körper des Adam Kadmon / Malkuth, Jesod, Hod, Tiphereth: Die Erzengel und die Jahreszeiten / Der Sephirothbaum, Symbol der Synarchie / Jesod: Die Grundlage des spirituellen Lebens / Binah / Chokmah, das schöpferische Wort / Jesod, Tiphereth, Kether: Die Sublimierung der Sexualkraft / Das Gebet Salomons.

237 – Das kosmische Gleichgewicht - Die Zahl 2

Die kosmische Waage - Die Zahl 2 / Das Pendeln der Waage / Die 1 und die 0 / Der jeweilige Platz des Männlichen und des Weiblichen / Gott steht über dem Guten und dem Bösen / Der weiße und der schwarze Kopf / Zyklische Schwankungen und Gegenpole: Das Gesetz der Gegensätze / »Um die Wunder einer einzigen Sache zu verbringen« - Die Symbole der 8 und des Kreuzes / Der Äskulapstab des Hermes – Die Schlange der Astralbene / Prinzip des Lebens und Prinzip des Todes: Iona und Horev / Das Dreieck Kether-Chesed-Geburah / Das Gesetz des Austauschs / Der Schlüssel und das Schloss / Die Arbeit des Geistes an der Materie – Der Gralskelch / usw.

238 – Der Glaube versetzt Berge

Glaube, Hoffnung und Liebe / Das Senfkorn / Wahrer Glaube und persönliche Überzeugung / Wissenschaft und Religion / Der Glaube geht immer dem Wissen voran / Die Wiederentdeckung des verborgenen Wissens / Die Religion ist nur eine Form des Glaubens / Unsere göttliche Abstammung / Der Beweis für die Existenz Gottes ist in uns / Die Identifikation mit Gott / Gott ist das Leben / Gott in der Schöpfung / Rabota, vreme, vera: Arbeit, Zeit, Glaube.

239 – Die Liebe ist größer als der Glaube

Die Ungewissheiten des modernen Menschen / Der zerstörerische Zweifel: Einheit und Polariastion / Der heilsame Zweifel / »Dein Glaube hat dir geholfen« / »Dir geschehe nach deiner Einstellung« / Nur unser Tun bezeugt unseren Glauben / Bewahrt euren Glauben an das Gute / »Wenn ihr nicht werdet wie die Kinder...« / Die Liebe ist größer als der Glaube / Worauf das wahre Vertrauen gründet / »Liebt einander, wie ich euch geliebt habe«.

240 – Söhne und Töchter Gottes

»Ich bin gekommen, damit sie das Leben haben« / Das Blut, Träger der Seele / »Wer sein Leben retten will, wird es verlieren« / »Lass die Toten ihre Toten begraben« / »Gott hat die Welt so sehr geliebt, dass er seinen einzigen Sohn hingab« / Jesus, Hohepriester nach der Ordnung Melchisedeks / Der Mensch Jesus und das kosmische Prinzip des Christus / Weihnachten und Ostern: Zwei Seiten aus dem Buch der Natur / Die Geburt des Christuskindes / Jesus, tot und auferstanden? / Das Opfer von Jesus am Kreuz: Die Kräfte des Blutes / »Aus seinem Leib werden Ströme lebendigen Wassers fließen« / Ein Sohn Gottes ist allen Menschen ein Bruder / Die Erde bevölkern mit Söhnen und Töchter Gottes.

241 – Der Stein der Weisen

Über die Deutung der Schriften, Teil 1 und Teil 2 / »Was zum Mund hineingeht, das macht den Menschen nicht unrein...« / »Ihr seid das Salz de Erde«, Teil 1 und Teil 2 / »Wenn das Salz seinen Geschmack verliert…« / Den Geschmack des Salzes kosten: die göttliche Liebe / »Ihr seid das Licht der Welt« / Das Salz der Alchimisten / »Und wie alle Dinge aus dem Einen entstammen…« / Die alchimistische Arbeit: Die 3 über der 4 / Der Stein der Weisen, Frucht einer mystischen Vereinigung / Die Regeneration der Materie: das Kreuz und der Tiegel / Der Mai-Tau / Die Entfaltung des göttlichen Keims / Das Gold des wahren Wissens: Alchimist und Goldsucher.

242 – Unerschöpfliche Quellen der Freude

Gott, Ursprung und Ziel unserer Reise / Sich auf den Weg machen / Das Leiden als Antrieb / Gottes Antworten in sich selbst suchen / In der Schule des Lebens: Die Lektionen der Kosmischen Intelligenz / »Wie ein Fisch im Wasser« / Gegenüber himmlischen Wesenheiten eingegangene Verpflichtungen / Ohne Angst voranschreiten / Einzig das Licht des Geistes darf uns führen / Unsere Zugehörigkeit zum Lebensbaum / Was es bedeutet, ins »Ausland« zu gehen / usw.

243 – Das Lächeln des Weisen

Der Weise lebt in der Hoffnung / Wie ein Hirte über seine Schafe wacht / Die Grenzen unserer Seele schützen / Die Erwartung, die uns wach hält / »Wenn die Auge rein ist, wird dein ganzer Körper im Licht sein« / Der Ernst, die Tränen, das Lachen, das Feiern / Die Lampe des Weisen ist voller Heiterkeit / Die Sprache des Eisens und die Sprache des Goldes / Sieg über das Leiden: Das Lächeln Gottes / Jedes Opfer prägt uns den Stempel der Sonne auf / »Der Größte unter euch soll euer Diener sein« / Dank: Quelle von Licht und Freude / Möge euer Name im Buch des Lebens eingetragen sein / Beim Festmahl.

244 – Dem Licht entgegen

Um nicht mehr sagen zu müssen: wenn ich gewusst hätte…! / »Lass deine linke Hand nicht wissen, was deine rechte tut.« / Programm für den Tag und Programm für die Ewigkeit / »Seid nicht besorgt um den morgigen Tag« / Allein die Gegenwart gehört uns / Bevor die Sonne untergeht / Der Übergang ins Jenseits / Das Leben ohne Grenzen / Die Bedeutung der Bestattungsrituale / Unsere Beziehungen zu den Familiengeistern / Was ist der Wille Gottes? / Im Dienste des göttlichen Prinzips / Zum Altar des Herrn aufsteigen / Schreitet beständig voran / An der Schwelle eines neuen Jahres.

Vom selben Autor

Reihe Gesamtwerke

1	Das geistige Erwachen
2	Spirituelle Alchimie
3	Die beiden Bäume im Paradies
4	Das Senfkorn – Symbole im Neuen Testament
5	Die Kräfte des Lebens
6	Die Harmonie
7	Die Reinheit, Grundlage geistiger Kraft – Die Mysterien von Jesod
8	Sprache der Symbole, Sprache der Natur
9	»Im Anfang war das Wort«
10	Sonnen-Yoga (Surya-Yoga) Die Herrlichkeit von Tiphereth
11	Der Schlüssel zur Lösung der Lebensprobleme
12	Die Gesetze der kosmischen Moral
13	Die neue Erde
14/15	Liebe und Sexualität (Doppelband)
16	Alchimie und Magie der Ernährung – Hrani-Yoga
17/18	Erkenne Dich selbst – Jnani Yoga (Doppelband)
19-22	*Wird nicht ins Deutsche übersetzt*
23/24	Eine neue Religion (Doppelband)
25/26	Der Wassermann und das Goldene Zeitalter (Doppelband)
27	Die Pädagogik in der Einweihungslehre – Teil 1
28/29	Die Pädagogik in der Einweihungslehre (Doppelband) Teil 2 und 3
30/31	Leben und Arbeit in einer Einweihungsschule (Doppelband)
32	Die Früchte des Lebensbaums

Vom selben Autor

Reihe Broschüren

301 Das neue Jahr
302 Die Meditation
303 Die Atmung
304 Der Tod und das Leben im Jenseits
305 Das Gebet
306 Musik und Gesang im spirituellen Leben
307 Das hohe Ideal
308 Das Osterfest – Die Auferstehung und das Leben
309 Die Aura
310 In die Stille gehen
311 Wie Gedanken sich in der Materie verwirklichen
312 Die Reinkarnation
313 Das Vaterunser
314 Das Gesetz der Gerechtigkeit und das Gesetz der Liebe
315 Die Quelle des Lebens
316 Die Nahrung, ein Liebesbrief des Schöpfers
317 Die Kunst und das Leben
318 Die wesentliche Aufgabe der Mutter während der Schwangerschaft
319 Die Seele, Instrument des Geistes
320 Menschliches und göttliches Wort
321 Weihnachten und das Mysterium der Geburt Christi
322 Die spirituellen Grundlagen der Medizin
323 Meditationen beim Sonnenaufgang
324 Der Friede, ein höherer Bewusstseinszustand
325 Das Ideal des brüderlichen Lebens
326 Die ganze Schöpfung wohnt in uns
327 Der Preis der Freiheit

Reihe »Gedanken für den Tag«

Das Taschenbuch »Gedanken für den Tag« enthält für jeden Tag des Jahres ein Zitat von Omraam Mikhaël Aïvanhov als geistige Anregung und Begleiter für den Alltag. Es ist eine gute Meditationshilfe und auch als Geschenk bestens geeignet. Das Buch erscheint jährlich mit neuen Texten und ist einer unserer Bestseller. Ausgaben aus vergangenen Jahren sind ebenfalls noch erhältlich.

Auf unserer Internet-Seite können Sie alle Tagesgedanken ab dem Jahr 2005 lesen (www.prosveta.de, www.prosveta.ch, www.prosveta.at). In diesen mehr als 7.000 Tagesgedanken können Sie mit Hilfe der Suchfunktion nach Themen oder Begriffen Ihrer Wahl suchen.

Biografien und Bildbände

200	Hommage an Meister Peter Danov
901	Kurzbiografie »Die schöne Geschichte von einem Meister«
902	Licht am Horizont – Die ersten Schüler von Omraam Mikhaël Aïvanhov erzählen
903	Biografie »Der Weg des Lichtes«
904	Das Geheimnis des Lichts: Leben und Lehre von Omraam Mikhaël Aïvanhov (nur als E-Book)
909	Autobiografie – Band 1
917	Der spirituelle Sinn der Musik (R. Soubeyran)
940	Bildband O. M. Aïvanhov
941	Die Botschaft der Blumen
942	Die Sterne: Was sie uns lehren

Vom selben Autor

Reihe Stani

Omraam Mikhaël Aïvanhov hat in seinen Vorträgen viele praktische Übungen und Methoden empfohlen, die den Menschen helfen, ihren Alltag sinnvoll zu bereichern. Diese Übungen sind erprobt, wirksam, einfach und leicht im Alltag integrierbar. Ihr Ziel ist es, die Gesundheit von Körper, Seele und Geist des Menschen zu fördern und ihn in seiner Weiterentwicklung zu unterstützen. Die Bücher enthalten anschauliche Farb-Abbildungen, Fotos, Tabellen und Diagramme, welche das Verständnis und die Umsetzung der Übungen noch erleichtern.

905 Die Gymnastik-Übungen – Sinn, Ablauf und Entsprechung zu heiligen Symbolen (mit DVD)
906 Erhebende Gedanken – Die Meditation
907 Das Licht und die Farben – Kräfte der Schöpfung
908 Vom Sinn des Betens – Erklärung und Gebete

Außerhalb der Buchreihe Stani empfehlen wir Ihnen noch Band 13 der Buchreihe Gesamtwerke *»Die Neue Erde – Anleitungen, Übungen, Sprüche, Gebete«*. Dieses Buch enthält Übungen zu weiteren Gebieten des täglichen Lebens.

Verlage und Auslieferungen

FRANKREICH (Hauptverlag)

Editions Prosveta S.A. – 1277, Av. Jean Lachenaud – 83600 Fréjus
Tel. 04 94 19 33 33, contact@prosveta.fr, www.prosveta.fr

Auslieferungen international:

AUSTRALIEN

PROSVETA AUSTRALIA
108 Grand Ocean Boulevard
Port Kennedy WA 6172
Tel. (61) 8 9594 1145
prosveta.au@aapt.net.au

BELGIEN UND LUXEMBURG

PROSVETA BENELUX
Chaussée de Merchtem 123
1780 Wemmel
Tel. (32) 2 460 108 53
prosveta@skynet.be,
www.prosveta.be

BENIN

ETS Evera-Librairie
Abomey-Calavi
Tel. +229 977 759 50
etsevera@gmail.com

BOLIVIEN

VIRGINIA BELTRÁN
Reemanso 2 Núrnero
9080 Santa Cruz – Bolivia
mavibel@gmail.com

CHILE

AGRUPACIÓN VEHADI
Paula González Morel
Tel. +56 982 948 670 / 998 901 258
vehadi.chile@gmail.com

DEUTSCHLAND

PROSVETA VERLAG GMBH
Grabenstr. 14, 78661 Dietingen
Tel. +49 7427 3430
kontakt@prosveta.de
www.prosveta.de

ENGLAND UND IRLAND

PROSVETA, THE DOVES NEST
Duddleswell Uckfield
East Sussex TN 22 3JJ
Tel. (44) (01825) 712 988
orders@prosveta.co.uk
www.prosveta.co.uk

GABUN

Librairie Tiphéret
BP 1554www.pyrinoskosmos.gr
Libreville
Tel. +241 662 241 35
a.dirat@gabontelecom.ga

GRIECHENLAND

PYRINOS KOSMOS
Egeou 29 – Koropi
G-19400 Athens Attica
Tel. +30 210 360 28 83

HAITI

PROSVETA DÉPÔT HAITI
Angle rue Faustin 1er
et rue Bois Patate #25 bis
6110 Port-au-Prince
rbaaudant@yahoo.com

INDIEN

VIJ BOOKS
2/19 Ansari Road, Darya Ganj
New Delhi 110 002
www.vijbooks.com
vijbooks@rediffmail.com
Tel.: + 91-11-43596460 / 1147340674

BOOK MEDIA (MALAYALAM)
Coondacherry P.O.
Pala, 686579 Kottayam - Kerala
Tel. (+91) 94 47 53 62 40

ISRAEL

prosveta.il@hotmail.com
Hadkeren Publishing House
PO Box 8426
6 108 301 Tel-Aviv – Jaffa
info@hadkeren.co.il
www.hadkeren.co.il

ITALIEN

PROSVETA COOP. A R.L.
Casella Postale 55
06068 Tavernelle (PG)
Tel. (39) 075-835 84 98
prosveta@tin.it, www.prosveta.it

KAMERUN

Librairie Bibliothèque, Vera Book Center
Yaoundé au Carrefour MEEC
BP 17506 Etétak – Yaoundé
Tel. +237 699 959 044 / 694 546 116
verabookcenter@gmail.com

KANADA

PROSVETA INC.
3950 Albert Mines – Canton de Hatley – (QC) J0B 2C0
Tel. +1 819 564 82 12
prosveta@prosveta-canada.com
www.prosveta.ca

KOLUMBIEN

PROSVETA COLOMBIA
Calle 174 Número 54B
50 Interior 6
Villa del Prado – Bogotá
Tel. (57 1) 6 14 53 85
Tel. 6 72 16 89
Mobil: (57) 311 8 10 25 42
prosveta.colombia@hotmail.com

KONGO

Librairie Providence
19 Rue Maleke Moukondo
(Mfilou)
Brazzaville
Tel. +242 066 193 927
librairieprovidence2021@gmail.com

LETTLAND

Cilveka Pasatjaunosanas, biedriba
Ravija Astahova
Anniņmuižas bul. 43 – 135
Riga, Latvija LV-1069
Tel. +371 292 93298
ravija@inbox.lv

LIBANON

PROSVETA LIBAN
P.O. Box 90-995
Jdeitet-el-Metn, Beirut
Tel. (03) 448560
prosveta_lb@terra.net.lb
www.prosveta-liban.com

LITAUEN

LEIDYKLA MIJALBA
Gedimino G 26 B – 44319 Kaunas
Tel. 370.687 8760
info@mijalba.com
www.mijalba.com

NEUSEELAND

PROSVETA NEW ZEALAND LTD
49 Stottholm Road
Titirangi 0604
Aotearoa New Zealand
Tel. +64 686 727 89 / +64 220 212 414
johnson.susan34@gmail.com
www.oma-books.co.nz

NIEDERLANDE

STICHTING PROSVETA NEDERLAND
t.a.v. K. Laan
Zeestraat 50
2042 LC Zandvoort
Tel. +31 235 716 473
laan@prosveta.nl, www.prosveta.nl

NORWEGEN

PROSVETA NORDEN
Postboks 150 Sentrum
N-0102 Oslo
Tel. (47) 90 27 43 33
info@prosveta.no, www.prosveta.no

ÖSTERREICH

HARMONIEQUELL VERSAND
Ulmenweg 8, A 5302 Henndorf
Tel. und Fax +43 6214 7413
info@prosveta.at, www.prosveta.at

PERU

Contact Prosveta
Viviana Hermosa Mattos
Tel. + 51 999 355 919
vivihermosa@gmail.com

POLEN

Księgarna – Galeria Nieznany Świat
ul. Kredytowa 2, 00-062 Warszawa
tel. +48 827-93-49, www.nieznany.pl

PORTUGAL

PUBLICAÇÕES MAITREYA
4100 - 027 Porto
flora@publicacoesmaitreya.pt

RUMÄNIEN

EDITURA PROSVETA SRL
Str. N. Constantinescu 10
Bloc 16A – sc A
Apt. 9 Sector 1, 71253, Bucarest
Tel. +4 072 770 59 17
prosveta_ro@yahoo.com
www.prosveta.ro

RUSSLAND

EDITIONS PROSVETA
Elena Jitniouk
ul. Partizanskaya, d.22, kv. 87
Moskow 121351
Tel. +8 903 795 70 74
prosveta@prosveta.ru,
www.prosveta.ru

SCHWEIZ

ÉDITIONS PROSVETA
Société coopérative
Chemin de la Céramone 13
1808 Les Monts-de-Corsier
Tel. +41 21 921 92 18
prosveta@prosveta.ch
www.prosveta.ch

SERBIEN

EDITION BABUN D.O.O.
Ana Bešlić, Tel. +381653193913
babun.info@gmail.com

Izdavačko Preduzeće Paleja D.o.o
(Editions Paleja), Željko Mojsilović
Put za Trešnju 1. deo br. 9, Ripanj
Beograd, Tel. +381 653 433 857
info@svetlostknjige.com

SPANIEN

ASOCIACION PROSVETA ESPAÑOLA
C/ Diputacio, 385 local bajos 2
SP-08013 Barcelona
Tel. (+34) (93) 412 31 85
aprosveta@prosveta.es
www.prosveta.es

TSCHECHISCHE REPUBLIK

PROSVETA
Ant. Sovy 18
370 05 České Budějovice
Tel. +420 723 581 030
prosveta@iol.cz / info@omraam.cz
www.omraam.cz

TOGO

Le Livre SARL
Rue Kedjessinawe Tokoin Novissi
BP 1723 - Lomé Togo
Tel. +228 900 483 73
Tel. +228 982 959 58
lelivre1@yahoo.fr

TÜRKEI

Hermes Yayinlari
hermeskitap@gmail.com
www.hermeskitap.com

USA

WELLSPRING OF LIFE
404 N Mount Shasta Blvd # 320
Mount Shasta CA 96067, USA
Tel. +1 530 918 33 91
wellspringsoflife@mail.com
www.prosveta-usa.com

VENEZUELA

PROSVETA VENEZUELA C. A.
Multicentro Empresarial Macaracuay
Piso 5 Oficina 3
Caracas D. C.
Código postal 1061
Tel. +58 412 904 89 94 / +58 414 134 75 34
prosvetavenezuela@gmail.com
www.prosvetavenezuela.com

Wenn Sie sich für Veranstaltungen interessieren, in denen die Lehre von Omraam Mikhaël Aïvanhov vertieft werden kann, wenden Sie sich bitte an eine der folgenden Adressen:

Deutschland
UWB e.V.,
www.aivanhov.de, info@aivanhov.de

Schweiz
FBU, Chemin de la Céramone 13, 1808 Les-Monts-de-Corsier
Telefon 021 925 40 80, www.videlinata.ch

Österreich
UWB, Telefon 01 27 698 32
Internet: www.uwb.at, E-Mail: info@uwb.at